Mali : La société, la justice et nous

Amadou BA

Mali : La société, la justice et nous

Préface de M. ***Nouhoum Tapily***
Ancien Président de la Cour Suprême du Mali,
Président honoraire de la Cour Suprême du Mali,
Grand Officier de l'Ordre National

L'Harmattan

5-7, rue de l'École-Polytechnique ; 75005 Paris

www.editions-harmattan.fr

ISBN : 978-2-14-028917-0
EAN : 9782140289170

A mon papa Saïdou,

A ma maman chérie Sanata,

Tous rappelés à Dieu ;

Qui n'ont pas suffisamment bénéficié du fruit de mon instruction ;

Que Dieu dans sa miséricorde vous accueille dans sa grâce infinie ;

Amin !!!

A mes épouses Mariame et Haoua pour leur soutien ;

A mes merveilleux enfants qui ont donné un sens à ma vie ;

A ma famille toujours solidaire ;

A mes amis(es) pour la fidélité partagée ;

Je dis Merci.

PREFACE

L'Institution judiciaire, ou prosaïquement la Justice, englobe tous les organes, les mécanismes, les textes législatifs et réglementaires qui concourent, non seulement à l'application de la règle de droit mais aussi, les voies et moyens par lesquels, le citoyen peut réclamer le bénéfice et la jouissance de la plénitude des droits à lui accordés dans le cadre de sa citoyenneté.

Aussi, est-il aisé de comprendre que la Justice est au cœur de la Cité et de la Société et qu'il est impérieux, pour tout Citoyen, d'en connaitre le fonctionnement basique.

S'il est courant de voir dans les rayons bibliothécaires, des ouvrages juridiques traitant des aspects hautement approfondis du droit positif, de la doctrine et de la jurisprudence, il est rare d'y apercevoir des traités qui initient le citoyen à comprendre, de manière simple, le fonctionnement de la Justice .

Dans un Etat démocratique, connaitre et comprendre le fonctionnement des Institutions républicaines, est certes un droit, mais aussi et surtout un devoir pour le Citoyen.

Cet ouvrage aussi dense que riche, d'une lecture simple et facile, rappelant, à certains égards, un « dialogue » entre le citoyen, le lecteur, la société et la justice, cet ouvrage, dis-je, vient combler un vide et sort des sentiers battus . Il constitue aussi une espèce de « vade-mecum » pour les techniciens du droit : magistrats, officiers et agents de police judiciaire, officiers ministériels, experts judiciaires, etc., lesquels y trouveront, facilement et opportunément, les références textuelles utiles de leurs pratiques professionnelles quotidiennes.

L'auteur, Amadou BA, magistrat de carrière, ayant occupé des postes stratégiques et hautement importants, tant au sein de l'appareil judiciaire (Président de la Chambre d'Accusation de la Cour d'Appel de Bamako, Conseiller à la Section Judiciaire de la Cour Suprême du Mali) que des organes politico-administratifs incluant la société civile, telle la présidence de la Commission Electorale Nationale Indépendante CENI, a su d'une manière simple, claire, cohérente et pédagogique, aborder la problématique de l'appropriation, par les citoyens et les acteurs du monde judiciaire, du mécanisme de fonctionnement de l'Institution Judicaire.

Un ouvrage à lire, à faire lire et à conserver dans les rayons de votre bibliothèque !

Nouhoum Tapily

Ancien Président de la Cour Suprême du Mali,
Président honoraire de la Cour Suprême du Mali,
Grand Officier de l'Ordre National

Sigles, Abréviations et acronymes

ADD : Avant dire Droit (décision préparatoire) ;
AG : Avocat Général près la cour d'appel ou de la cour suprême ;
ANRM : Assemblée National de la République du Mali ;
AOF : Afrique Occidentale Française ;
APJ : Agent de Police Judiciaire ;
Art: article;
BIRD : Banque Internationale pour la Reconstruction et le Développement ;
BRIDGE: Building Resources in Democracy, Governance and Elections (Bâtir des Ressources en Démocratie, Gouvernance, Elections)
Bull : Bulletin de la cour de cassation ;
C.A : Cour d'Appel ;
C.S : Cour Suprême ;
Cass : Cassation (cour de cassation) ;
CCJA : Cour Commune de Justice et d'Arbitrage OHADA sise à Abidjan ;
CENTIF : Cellule Nationale de Traitement des Informations Financières ;
Cf. : Référence ;
CIV : Commission d'Indemnisation des Victimes ;
CNT : Conseil National de Transition ;
CPCCS : Code de Procédure Civile, Sociale et Commerciale ;
CPP : Code de Procédure Pénale ;
Crim : Chambre criminelle de la cour de cassation ;
CTSP : Comité de Transition pour le Salut du Peuple ;
ENA : Ecole Nationale d'Administration ;
FAO : Fonds de Nations Unies pour l'Alimentation ;
FMI : Fonds Monétaire International ;
FSPF : Forum de Stabilité Financière ;
G7 : Groupe des Pays les plus industrialisés ;
GAFI : Groupe d'Action Financière Internationale ;
GIABA : Groupe Intergouvernemental d'Action contre le Blanchiment de l'Argent en Afrique ;
GPS : Appareil de géolocalisation par satellites utilisant un système GPS ;
In fine: alinéa final ou paragraphe final d'un article;

INFJ : Institut Malienne de Formation Judiciaire ;
JI : Juge d'Instruction ;
JPCE : Justice de Paix à Compétence Etendue ;
MJD : Maison de Justice et du Droit ;
NCPCCS : Nouveau Code de Procédure Civile Commerciale et Sociale ;
NU : Nations Unies ;
OACI : Organisation de l'Aviation Civile Internationale ;
OCDE : Organisation de Coopération pour le Développement Economique ;
OHADA : Organisation pour l'Harmonisation en Afrique du Droit des Affaires ;
OIT : Organisation International du Travail ;
OMM : Organisation Météorologique Mondiale ;
ONG : Organisation Non Gouvernementale ;
OPJ : Officier de Police Judiciaire ;
PG : Procureur Général ;
PGRM : Président du Gouvernement de la République du Mali (Décret) ;
PME : Petite et Moyenne Entreprise ;
PR : Procureur de la République ;
PRM : Présidence de République du Mali ;
PRODEJ : Programme Décennal de Développement de la Justice ;
PV : Procès-Verbal ;
SAM: Syndicat Autonome des Magistrats ;
TGI : Tribunal de Grande Instance ;
TI : Tribunal d'Instance ;
TIG : Travaux d'Intérêt Général ;
TRACFIN : Organisation française de lutte contre le blanchiment des capitaux ;
UEMOA: Union Economique et Monétaire Ouest- Africaine ;
UIT : Union Internationale des Télécommunications ;
UNESCO : Organisation de Nations Unies pour l'Education et la Culture ;
UNITAR: United Nations Institute for Training and Research (Organisation spécialisée des Nations Unies pour la formation et la recherche)
UPU : Union Postale Universelle ;
USA : Union des Etats Unis ;

De l'Auteur

Ce livre n'est pas destiné aux professionnels du droit même s'ils peuvent y tirer un réel profit.

Il est le fruit d'une longue réflexion mûrie depuis plus d'une décennie.

Il vise à mettre à la disposition du citoyen ordinaire, justiciable potentiel, un instrument, une torche susceptible d'éclairer sa lanterne et de se frayer un chemin dans le labyrinthe du droit et de la pratique des juridictions,

Vous trouverez dans ce livre des enseignements, certes sommaires, mais essentiels pour la vie de tous les jours.

Trente-six années de pratique judiciaire nous ont conforté dans notre conviction qu'un justiciable non éclairé ressemble souvent à un agneau que l'on mène à l'abattoir avec la seule différence que si le second ne se fait aucune illusion sur l'issue du parcours, le premier ne sait jamais où le mènera ce chemin de croix et pendant encore combien de temps.

Nous serons comblés si cet ouvrage atteint son objectif, celui de vous apporter un peu de lumière dans le long et sombre chemin du droit.

Amadou .S. BA
Magistrat
Ancien Conseiller, Section judiciaire
Cour Suprême du Mali.

I
LES ACTEURS DE LA JUSTICE

A – Les Magistrats

La constitution du Mali adoptée au scrutin référendaire du 12 Janvier 1992 et promulguée par Décret N°92-073/P.CTSP du 25 Février 2012 dispose en ses articles 81 ct 82.

Article 81 : Le pouvoir judiciaire est indépendant des pouvoirs exécutif et législatif. Il s'exerce par la Cour Suprême et les autres Cours et Tribunaux.

Le pouvoir judiciaire est gardien des libertés définies par la présente Constitution. Il veille au respect des droits et libertés définis par la présente Constitution. Il est chargé d'appliquer dans le domaine qui lui est propre les lois de la République.

Article 82 : Les Magistrats ne sont soumis dans l'exercice de leur fonction qu'à l'autorité de la loi.

Les Magistrats du siège sont inamovibles…

CES HOMMES QUE VOUS DEVEZ CONNAÎTRE

Dans cette série, nous allons vous présenter « ces hommes de la justice » que vous connaissez à peine alors qu'ils sont appelés le plus souvent à gérer votre existence juridique.

Les premiers dont nous allons parler sont ceux qui, dans la conscience populaire représentent l'Institution Judiciaire, ce sont les Magistrats.

Il faut rappeler qu'il existe pour les non-initiés une grande confusion entre les vocables ***Magistrat et Juge***.

Le mot Magistrat est un terme générique pour désigner une catégorie professionnelle d'acteur de la justice. Tous les juges sont des magistrats, l'inverse n'est pas toujours exact.

Les juges sont ceux qui jugent les affaires, qui prennent des décisions à caractère juridictionnel. Le Président du Tribunal est un Juge qui rend des décisions, le Juge d'Instruction est un juge chargé de faire la lumière sur une affaire pénale.

Le Procureur de la République par contre est un magistrat chargé des tâches administratives et de poursuites. Il poursuit en cas de violation de la loi, mais il ne juge pas.

Ainsi, les magistrats dans l'organisation fonctionnelle des juridictions ordinaires, sont de deux types : les magistrats du siège et les magistrats du parquet.

NB : N'appeler jamais un Magistrat, un Juge « Maître ». Ce vocable est toujours réservé de façon générale aux officiers ministériels (Avocats, Notaires, Huissiers Commissaires de justice, Greffiers).

Connaissez-vous la différence entre les magistrats du siège et les magistrats du parquet ?

Les magistrats du siège :

Il s'agit dans les juridictions (Cours et Tribunaux) de ceux qui ont la qualité de Juges. Magistrats *du siège*, du fait qu'ils rendent la justice *toujours assis*.

Ce sont dans chaque Tribunal de Grande Instance, Tribunal d'Instance et Juridictions spécialisées (Tribunal de travail, Tribunal de commerce, Tribunal administratif, etc.), le Président du Tribunal et les Juges au Siège ainsi que les Juges d'Instruction.

Dans chaque Cour d'Appel, ce sont le Premier Président, les Présidents des Chambres, les Conseillers à la Cour d'Appel.

Au niveau de la Cour Suprême, ce sont le Président de la Cour Suprême, le Vice-Président, les Présidents de Sections, les Présidents de Chambres et les Conseillers à la Cour.

Les magistrats du siège jugent :

- au civil en statuant sur les contestations entre particuliers, souvent entre particuliers et l'Etat ainsi que ses démembrements (communes par exemple) ;

- au pénal en prononçant le cas échéant des sanctions (amendes, emprisonnement, réclusion à temps ou à perpétuité, confiscation, interdiction de séjour…) contre les personnes qui sont supposées avoir commis des infractions à la loi pénale et dont les dossiers leur sont soumis.

Les magistrats du siège tiennent de la loi le pouvoir de dire le droit contrairement à leurs collègues du parquet qui ne peuvent que requérir, suggérer l'application de la loi.

Le magistrat ou juge au siège a non seulement le pouvoir de dire le droit, mais il en a surtout l'obligation dès qu'il est saisi par les plaideurs ; la loi ne permet pas de dérobades ainsi l'article 4 du code civil dit « le juge qui refusera de juger sous prétexte du silence, de l'obscurité ou de l'insuffisance de la loi, pourra être poursuivi comme coupable de déni de justice ». L'article 21 du Code des personnes et de la famille du Mali dispose : « Il est défendu aux Juges de se prononcer par voie de dispositions générales et réglementaires sur les causes qui leurs sont soumises ». L'article 22 du même Code ajoute « Le Juge qui refuse de juger, sous prétexte du silence, de l'obscurité ou de l'insuffisance de la loi, peut être poursuivi comme coupable de déni de justice ».

Les magistrats du siège dans l'examen des affaires ne sont soumis qu'à l'autorité de la loi et de leur propre conscience. On dit qu'ils sont indépendants. L'indépendance n'est pas un confort personnel du Juge, elle se présente comme la garantie d'une Justice égale pour tous, que vous soyez riche ou pauvre, que vous soyez détenteur d'une parcelle d'autorité ou que vous soyez un simple citoyen de la République. La réalité de l'Etat de droit se trouve certes dans la séparation des pouvoirs mais surtout dans l'indépendance de la Justice.

Le juge d'instruction ?

Magistrat du siège, le Juge d'Instruction est saisi de l'instruction des affaires pénales les plus complexes et les plus graves ou celles qui concernent au pénal les mineurs. Plus qu'un enquêteur ordinaire il dispose de par le code de procédure pénale de tous les pouvoirs.

Il peut décider du placement en détention provisoire ou en contrôle judiciaire des personnes dont il est chargé d'instruire le dossier. Il peut décerner, selon le cas, mandat d'amener, mandat de dépôt, mandat d'arrêt contre toutes personnes qu'il estime devoir entendre ou inculper dans la procédure dont il est saisi.

Il rassemble les éléments qu'il juge nécessaire à la manifestation de la vérité. Dans la recherche de la vérité il instruit à charge et à décharge c'est-à-dire qu'il prendra en compte tous les éléments qui peuvent conforter la poursuite, de même il a l'obligation de mettre en exergue tout ce qui peut aboutir à démontrer l'innocence de la personne poursuivie.

Il instruit « in rem », c'est-à-dire qu'il peut inculper, faire rechercher, faire arrêter toutes personnes dont la responsabilité peut être recherchée dans la commission d'une infraction même lorsque ces personnes n'auraient pas été au départ désignées dans l'acte de poursuite matérialisé par le réquisitoire introductif du Procureur de la République.

Au terme de l'instruction préparatoire, il procède à la clôture de la procédure et la transmet soit au tribunal s'il s'agit d'un délit, soit à la chambre d''accusation qui est en matière criminelle la seconde chambre d'instruction pour sa transmission devant la Cour d'assises en vue le jugement de l'affaire. Lorsqu'il estime que les faits ne sont pas suffisamment établis il peut ordonner non-lieu à suivre c'est-à-dire l'abandon des poursuites contre le mis en cause. Dans ce cas le dossier sera classé au greffe de la juridiction jusqu'à survenance de charges nouvelles.

Napoléon disait du Juge d'Instruction qu'il était l'homme le plus puissant de l'Empire en raison de ses pouvoirs quasis illimités, pouvoirs à lui conféré par le Code de Procédure Pénale.

Les magistrats du parquet

Ils constituent ce qu'on appelle le Ministère Public.

Dans chaque Tribunal de Grande Instance ou d'Instance, ce sont le Procureur de la République et ses Substituts.

Au niveau de la Cour d'Appel, ce sont le Procureur Général, l'Avocat Général et les Substituts Généraux. Au niveau de la Cour Suprême, ce sont le Procureur Général et les Avocats généraux.

Les magistrats des parquets ordinaires représentent la société. Les magistrats du Parquet de la Cour suprême sont considérés comme commissaires de l'État. Les Magistrats du Parquet veillent à l'application des lois et à l'exécution des décisions de justice rendues par les magistrats du siège. Dans une juridiction ils remplissent les tâches administratives et s'occupent des relations publiques. Ils supervisent et dirigent les enquêtes menées par les officiers de police judiciaires (Police et Gendarmerie).

Ils engagent des poursuites pénales contre les individus qui ont violé la loi (qui ont commis des infractions). Ils ont l'opportunité des poursuites, c'est-à-dire qu'ils apprécient de façon souveraine l'opportunité d'engager ou non des poursuites pénales lorsque des faits réputés infractions à la loi pénale sont déférés devant eux.

L'exercice de l'action publique est réservé en principe aux magistrats du ministère public.

Ils suivent le procès pénal ; dirigent l'activité des policiers et des gendarmes lorsque ceux-ci exercent les fonctions de police judiciaire. Ils sont destinataires de l'original de tous les procès - verbaux d'enquête préliminaire.

Dans l'exécution de leurs missions de police judiciaire, les Officiers de Police Judiciaires ne doivent déférer qu'aux instructions des magistrats du parquet.

Ces magistrats sont appelés *du parquet*, par ce qu'ils se tenaient traditionnellement *sur le parquet* de la salle d'audience au même titre que les avocats. Ils sont également appelés magistrats debout parce qu'à l'audience, ils doivent toujours se tenir debout pour requérir l'application de la loi. Les magistrats du Parquet peuvent assister à tous les actes du juge d'Instruction.

Les magistrats du Parquet sont hiérarchisés et peuvent recevoir des instructions de la hiérarchie. Ils sont cependant libres de les exécuter lorsque l'ordre n'est pas écrit, « La parole est libre, la plume est serve » dit- on.

Le juge de paix à compétence étendue

Magistrat de son état, il occupe au sein d'une Justice de Paix à Compétence Étendue toutes les fonctions judiciaires occupées au niveau du Tribunal d'Instance par une multitude de magistrats.

Il remplit les fonctions de magistrat du parquet, de Procureur de la République et détient toutes les prérogatives liées à cette fonction. Il engage des poursuites lorsqu'il y a violation de la loi pénale.

Lorsque la nature d'une affaire nécessite l'ouverture d'une information judiciaire, le juge de paix se saisit comme juge d'instruction et agit comme tel jusqu'à la fin de l'information. Il procède à la clôture du dossier, au règlement de la procédure.

Enfin, il est président du tribunal (de la justice de paix). A cet effet, il préside toutes les audiences en matière pénale à l'exception des affaires criminelles qui relèvent de la compétence de la Cour d'Assises. Il juge les affaires en matière civile, commerciale et sociale.

On dit de lui qu'il est *un Juge à trois casquettes.*

C'est en raison de ces larges pouvoirs que toute l'action du juge de paix est soumise tantôt au contrôle soit du Procureur de la République près le Tribunal, soit du Procureur Général de la Cour d'Appel, tantôt à celui du premier Président de la Cour d'Appel pour les affaires civiles. Ce contrôle se fait par la production par le JPCE des notices trimestrielles de l'activité judiciaire de son tribunal.

Les mauvaises langues diront du juge de paix, « juge unique, juge inique ».

Il est vrai que la présence du juge de paix unique dans notre architecture judiciaire est peu réconfortante pour le respect des droits humains et des libertés publiques. L'Etat doit faire des efforts dans le recrutement de ressources humaines pour qu'un seul homme ne soit pas obligé de porter trois casquettes : celle du procureur, du président et du juge d'instruction.

La nouvelle loi portant organisation judiciaire a créé les tribunaux d'instance avec un Procureur, un Président et un Juge d'Instruction dans la perspective de supprimer les Justices de Paix à Compétence Etendue.

Dans un Etat qui se veut démocratique et de droit, le maintien du juge de paix dans ses compétences actuelles n'est pas acceptable, comme n'est pas acceptable le principe du juge unique au niveau du premier degré de juridiction. Nous devons aller maintenant vers la collégialité qui assure une meilleure distribution de la justice. On se trompe moins à trois qu'à un. Il s'agit de la mise en œuvre de la nouvelle organisation judiciaire qui prévoit la collégialité au niveau des Tribunaux de Grande Instance.

Aussi dans cette perspective, pour éviter une justice à deux vitesses selon que la même nature d'affaire passe devant le Tribunal de Grande Instance, le Tribunal d'Instance ou la justice de paix, il est urgent de régler la compétence d'attribution de ces différentes juridictions.

La Chambre d'Accusation

Aux termes de la Loi N°2011 – 037 du 15 Juillet 2011 Portant Organisation Judiciaire, la Chambre d'Accusation fait partie des chambres de Jugement de la Cour d'Appel.

Les attributions de la Chambre d'Accusation sont spécifiées dans le **Code de Procédure pénale (CPP).**

La chambre d'Accusation se présente comme :

1. Haute juridiction d'Instruction

La Chambre d'Accusation examine la régularité des procédures qui lui sont soumises (art 206 CPP).

Toutes les procédures criminelles sont examinées en deuxième ressort par la chambre d'Accusation. Si elle estime que les faits sont établis par des charges suffisantes elle ordonne la mise en accusation et renvoie les inculpés devant la Cour d'Assises.

Aux termes des articles 272 et 273 CPP ni l'accusé, ni le Procureur Général ne peuvent se pourvoir contre l'arrêt de renvoi qu'après l'arrêt de condamnation de la Cour d'Assises.

Si la Chambre d'Accusation estime que les faits qui lui sont soumis ne sont pas établis elle ordonne non-lieu à suivre et ordonne le classement de la procédure au greffe de la Cour d'Appel jusqu'à survenance de charges nouvelles.

Si elle estime que l'instruction n'est pas terminée elle peut par un arrêt ordonner un complément d'information et enjoindre au premier juge d'instruction d'exécuter ces mesures ou désigner un autre juge d'instruction pour y procéder.

Si les faits constituent un délit elle ordonne le renvoi de l'inculpé devant le Tribunal correctionnel pour y être jugé conformément à la loi.

2. Chambre des Appels des ordonnances du Juge d'Instruction

Toutes les ordonnances du Juge d'Instruction susceptibles d'appel peuvent être déférées devant la Chambre d'Accusation qui est la chambre d'appel des ordonnances du Juge d'Instruction (article 191 CPP)

La Chambre d'Accusation est également saisie de toutes les demandes en annulation contre les actes du Juge d'Instruction (art 176 CPP).

3. Juge des libertés

Les Pouvoirs de la Chambre d'Accusation en matière de Détention

La Chambre d'Accusation se présente dans le Code de Procédure Pénale comme le Juge des libertés.

La Chambre d'Accusation est compétente pour examiner tous les recours en matière de mise en détention provisoire et en matière de mise en liberté (art 150, 151, 154, 218 CPP).

Elle est saisie :

- Lorsque le Juge d'Instruction saisi d'une demande de mise en liberté se prononce sur la mesure, contre laquelle soit le Parquet soit l'inculpé peut interjeter Appel.
- Lorsque le Juge d'Instruction saisi d'une demande de mise en liberté ne se prononce pas dans le délai légal. L'article 149 CPP dispose : lorsque le Procureur de la République requiert la mise en liberté, le Juge d'Instruction doit statuer dans les **3 jours** de la date de réception des réquisitions ; l'article 150 CPP précise : lorsque le Juge d'Instruction est saisi d'une demande de mise en liberté, il communique le dossier au Parquet d'Instance pour ses réquisitions. Il doit statuer dans les **8 jours** de la saisine. Faute de quoi, l'inculpé peut saisir la Chambre d'Accusation qui doit se prononcer après les réquisitions du Parquet Général dans un délai de 15 jours à compter de la date de réception de la demande.
- Dans l'intervalle des sessions d'Assises pour les procédures ayant fait l'objet d'un arrêt de renvoi ; la Chambre d'Accusation est seule compétente pour statuer sur les demandes de mise en liberté.
- Lorsqu'il y a pourvoi, et jusqu'à l'arrêt de la Cour Suprême pour des procédures examinée en dernier ressort par la Chambre d'Accusation, ou si le pourvoi a été formé contre un arrêt de la Cour d'Assises ;
- Lorsqu'il y a incompétence et qu'aucune juridiction n'est saisie (art 151 CPP) ;
- Lorsqu'il y a dépassement des délais légaux de détention constaté ou signalé ;

- Lorsque le Juge d'Instruction a manqué de renouveler dans les délais la mise en détention ;
- Le président de la Chambre d'Accusation au cours des visites des maisons d'arrêt du ressort de la Cour d'Appel vérifie la situation des inculpés en état de détention provisoire. Après avoir apprécié la situation, Il peut d'office saisir la Chambre d'Accusation pour qu'il soit statué sur le maintien en détention de l'inculpé (art 218 in fine).

4. Chambre chargée du contrôle des activités des Officiers de Police Judiciaire (art 31 – 219 CPP)

La police judiciaire est placée sous le contrôle de la chambre d'accusation.

A cet effet elle peut écarter des fonctions de Police Judiciaire les officiers de police judicaires qui en sont jugés indignes. Elle peut engager des poursuites judiciaires contre l'Officier de Police Judiciaire le cas échéant.

5. La Chambre chargée de la réhabilitation des condamnés (art 222 CPP)

La réhabilitation peut être acquise de plein droit.

La réhabilitation peut être accordée par arrêt de la Chambre d'Accusation sur demande du condamné ou de ses ayants droit après sa mort (art 224 CPP).

6. Juge de l'extradition (art 237)

En l'absence de Conventions d'extradition la Chambre d'Accusation intervient en matière d'extradition suivant une procédure définie par le Code de Procédure Pénale.

On parle d'extradition active lorsque le Mali est demandeur, et d'extradition passive lorsque le Mali est requis par un Etat tiers.

Dans le cas de l'extradition passive, lorsque la chambre d'accusation est saisie par le gouvernement, via le parquet général de la cour d'appel, elle examine les faits dans les conditions prévues par le code de procédure pénale. En réalité la chambre n'émet qu'un avis. En cas d'avis favorable, il reste au gouvernement à apprécier de façon discrétionnaire l'opportunité d'une possible remise de la personne mise en cause à l'Etat requérant.

En cas d'avis défavorable le gouvernement est lié par cet arrêt de rejet et ne peut en aucun cas procéder à la remise, dans ce cas l'intéressé est immédiatement remis en liberté s'il n'est détenu pour autre cause.

Les arrêts de la chambre d'accusation en cette matière sont susceptibles de recours devant la chambre criminelle de la Cour Suprême.

7. Pouvoirs propres du Président de la Chambre d'Accusation

Ce pouvoir se manifeste à la lecture des articles 217 et 218 CPP par :

- Le contrôle physique des procédures et du fonctionnement des Cabinets d'Instruction du ressort de la Cour d'Appel.
- L'obligation légale faite aux Juges d'Instruction du ressort de la Cour d'Appel d'établir chaque trimestre un état de toutes les affaires en cours dans chaque cabinet, portant mention pour chacune des affaires de la date et de la nature du dernier acte exécuté. La situation des inculpés détenus doit figurer dans un état spécial. Ces notices trimestrielles sont adressées au Président de la Chambre d'Accusation et au Procureur Général à qui il appartient d'observer.
- La visite des Centres de détentions du ressort de la Cour d'Appel.
- La possibilité de mise en liberté d'office après les réquisitions du Parquet Général.
- La possibilité de décerner Mandat de dépôt dans les cas de reprise de l'information pour charges nouvelles à la réquisition du Parquet Général (art 199 CPP).

B - Les Auxiliaires de Justice

Dans notre premier exposé de la série, nous avons parlé des magistrats, aujourd'hui, nous nous intéresserons à ces hommes que l'on appelle prosaïquement, les auxiliaires de justice.

Les auxiliaires de justice sont des hommes de loi dont la mission est destinée à faciliter la marche de l'instance et la bonne administration de la justice. Ils participent, chacun pour sa part, à l'administration de la justice mais sans avoir la qualité de magistrat.

Qui sont les auxiliaires de justice ?

Ce sont ceux qui ont la qualité d'officiers ministériels ; ce sont les avocats, les notaires, les huissiers commissaires de justice, les greffiers. Il y a ensuite les experts judiciaires agréés. Il existe d'autres catégories d'auxiliaires de justice : ce sont les administrateurs judiciaires, les administrateurs-séquestres.

Nous avons en plus des officiers ministériels, les officiers de police judiciaire qui sont également des auxiliaires de justice.

Les avocats

La loi N°94 042 du 13 Octobre 1994 portant organisation de la profession d'Avocat disait en son article 8 « les Avocats sont les auxiliaires de justice… Ils prêtent serment… Ils sont des officiers ministériels protégés par la loi… ».

L'avocat est un juriste dont la fonction traditionnelle est de conseiller, de représenter, d'assister et de défendre ses clients, personnes physiques ou morales.

Les avocats sont ceux qui font profession de défendre les causes (les affaires) en justice. Par leur science ou leur talent, ils apportent au juge les éléments de droit et de fait sur lesquels celui-ci peut fonder sa décision.

Les avocats du Mali sont régis depuis Septembre 2014 par une nouvelle réglementation communautaire. Il s'agit du règlement N°05/CM/UEMOA relatif à l'harmonisation des règles régissant la profession d'Avocat dans l'Espace UEMOA.

Ainsi il apparaît à la lecture de l'article 2 que « la profession d'avocats est libérale et indépendante. »

L'avocat fait partie d'un Barreau administré par un Conseil de l'Ordre présidé par un Bâtonnier.

Les avocats exercent des fonctions judiciaires et juridiques. Ils sont une partie des acteurs principaux du service public de la justice.

Seules ont droit au titre d'avocat ou d'avocat stagiaire, les personnes inscrites au tableau ou admises sur la liste du stage d'un barreau de l'espace UEMOA.

Les avocats ou avocats stagiaires doivent faire suivre leur titre d'avocat ou d'avocat stagiaire de la mention du ou des Barreaux auxquels ils appartiennent, suivi, le cas échéant des titres universitaires ou des distinctions professionnelles.

L'article 3 quant à lui dispose « Dans l'exercice des fonctions judiciaires, seuls les avocats ont qualité pour plaider, postuler et représenter, sans limitation territoriale, les parties en toutes matières devant les juridictions ou organismes juridictionnels ou disciplinaires et devant les instances arbitrales, sauf dispositions particulières prévues par la législation nationale. »

Ils assistent également leurs clients devant toutes les administrations publiques.

Les avocats peuvent exercer les fonctions d'arbitre, de médiateur et de conciliateur.

Ils peuvent être liquidateurs amiables ou judiciaires, administrateurs provisoires et syndics.

Les avocats revêtent, dans l'exercice de leur profession, un costume professionnel dont les caractéristiques sont définies par la législation de chaque Etat membre.

Ils sont dispensés de produire une procuration sauf dispositions particulières (cf art 424 code de procédure civile commerciale et sociale du Mali cpccs)

Les avocats sont organisés en ordre professionnel doté de la personnalité morale et de l'autonomie financière. Cet ordre est organisé au Mali autour d'un Barreau unique administré par un Conseil de l'Ordre élu pour un mandat de trois ans par tous les avocats inscrits au tableau.

Le Conseil de l'Ordre est présidé par un Bâtonnier élu dans les mêmes conditions.

Les avocats ont seuls qualité pour plaider. Ils assistent leur client à l'audience. L'avocat peut selon la nature de l'affaire représenter la personne qu'il est chargé de défendre. Ils peuvent poursuivre l'exécution des décisions de justice au profit de leur client.

Les avocats ont certes le monopole de la plaidoirie mais ils n'ont pas le monopole de la représentation. La loi laisse le soin à chaque plaideur de se présenter pour défendre ses intérêts soit personnellement soit par mandataire (cf art 419 cpccs)

La profession d'avocat étant une profession libérale, les prestations de l'avocat ne sont pas gratuites. Le plaideur doit payer à l'avocat des honoraires qui sont librement discutés entre l'avocat et son client.

Bien que la constitution d'un avocat au Mali ne soit pas une obligation légale, il est cependant conseillé à un plaideur non avisé de solliciter le service d'un avocat, technicien du droit capable de lui faire éviter souvent les pièges du droit.

Au Mali, la Constitution du 25 février 1992 a donné la possibilité à tout citoyen de se faire assister d'un avocat dès l'enquête préliminaire. En son article 9 on peut lire :

« La peine est personnelle.

« Nul ne peut être poursuivi, arrêté, ou inculpé qu'en vertu d'une loi promulguée antérieurement aux faits qui lui sont reprochés.

« Tout prévenu est présumé innocent jusqu'à ce que sa culpabilité soit établie par la juridiction compétente.

« Le droit à la défense, y compris celui de se faire assister par l'avocat de son choix est garanti depuis l'enquête préliminaire. »

Lorsque vous êtes convoqué dans un commissariat de police ou dans une brigade de gendarmerie, vous pouvez vous présenter, assisté d'un avocat de votre choix.

La mise en œuvre de ce principe constitutionnel pose cependant quelques problèmes. En effet l'article 76 du nouveau Code de Procédure Pénale déclare en ses alinéas 7 et 8 :

al 7: « Au cours de l'enquête préliminaire, toute personne mise en cause ou victime d'une infraction a le droit de se faire assister à sa diligence, d'un ou de plusieurs avocats de son choix. ».

al 8: « les avocats ne peuvent poser des questions que par l'intermédiaire de l'officier de police judiciaire et sur autorisation de celui-ci. En cas de refus, mention en est faite au procès-verbal. ».

Il apparaît à l'examen de ces dispositions que le code n'a voulu accorder à l'avocat qu'un droit d'assistance.

Les avocats dans l'exercice de leur profession, bénéficient de l'immunité de parole et d'écrit.

Ils ne peuvent être entendus, arrêtés ou détenus, sans ordre du Procureur Général près la Cour d'Appel ou du Président de la Chambre d'accusation, le bâtonnier préalablement consulté.

En plus du règlement communautaire et des textes nationaux, la profession d'avocat est organisée par un règlement intérieur datant du 17 Juillet 1995.

L'avocat, dit- on, est la sentinelle des libertés publiques, le défenseur bénévole des faibles et des victimes de répressions. C'est là toute la noblesse de cette profession.

Les greffiers

Les Greffiers sont des agents de l'Etat, donc des fonctionnaires chargés d'animer le Greffe d'une juridiction.

L'ensemble des greffiers d'un Tribunal ou d'une Cour sont placés sous l'autorité d'un Greffier en Chef lui-même relevant du Président de la juridiction.

Les greffiers sont des auxiliaires de justice. Ils ont la qualité d'officiers ministériels (officiers publics), protégés comme tels dans l'exercice de leurs fonctions.

Les greffiers ont pour principales missions d'assister le juge dans l'exercice de ses fonctions, de conserver les minutes des actes judiciaires, d'en délivrer les grosses et expéditions, de recevoir les recours et de façon générale de tenir le greffe et assurer le classement des archives et la recherche des dossiers.

Chargés d'assister le juge, ils constatent tous les actes posés par celui-ci.

A l'audience ils assistent le juge et tiennent un registre appelé « plumitif » dans lequel ils consignent tout ce qui se dit et se fait à l'audience.

Dans le cabinet du juge ou du procureur, ils sont chargés de dresser les procès-verbaux de toute nature : procès-verbaux de première comparution, procès-verbaux d'interrogatoire, procès-verbaux d'audition, procès-verbaux de confrontation, procès-verbaux de conciliation ou de non conciliation, procès-verbaux d'enquête de parquet, etc.

Son rôle est tellement important que l'acte judiciaire n'existe pas sans la présence du greffier.

Lorsque le juge prononce une décision, on dit qu'il rend un jugement lorsqu'il s'agit de la décision d'un Tribunal et un arrêt lorsqu'elle émane d'une Cour.

Le greffier est chargé de la mise en forme de ces jugements et arrêts.

Les originaux de ces décisions sont timbrés et enregistrés au service des domaines ; on les appelle « **minutes** ».

Les minutes sont classées au greffe et les parties au procès peuvent s'en délivrer copie à leur frais. Ces copies sont appelées « **expéditions** ».

Lorsque toutes les voies de recours sont épuisées, le plaideur qui veut exécuter la décision de justice se fait délivrer « **la grosse** » dc jugement ou de l'arrêt selon le cas.

La grosse est une expédition revêtue de la formule exécutoire qui invite tout officier public à prêter main forte pour l'exécution dudit jugement ou arrêt.

Lorsqu'intervient la décision de justice et que les plaideurs ne sont pas d'accords, ils peuvent exercer ce qu'on appelle les voies de recours.

Le greffier en chef tient à cet effet le registre des oppositions, le registre des appels et le registre des pourvois en cassation.

Officier ministériel de son état, les mentions contenues dans ces registres font foi jusqu'à inscription de faux.

Dans une juridiction, le greffier en chef est chargé de toutes les questions financières. Il perçoit en matière civile et pénale les consignations et en délivre bonne et valable quittance. Ces consignations servent à couvrir les frais de procédures notamment les frais de timbres et d'enregistrement.

Gestionnaire de son état, il doit tenir une comptabilité régulière. Il est soumis pour ce faire au contrôle du Procureur de la République, de l'Inspection des finances et de l'Inspection des Services Judiciaires.

Le greffier en chef est chargé de conserver en l'état tous les scellés c'est-à-dire les pièces à conviction qui serviront à renforcer la preuve des faits.

Le greffe constitue la mémoire d'une juridiction.

Les greffiers avant d'entrer en fonction prêtent serment.

Dans une juridiction, nous avons une autre catégorie d'agents qu'on appelle « secrétaires de greffes et parquets ». Ce sont de vrais secrétaires chargés de la dactylographie ou de la saisie des actes, de la reprographie, de la photocopie et de toutes les autres tâches auxiliaires. Les secrétaires de greffes et parquets n'ont pas la qualité d'auxiliaires de justice. Ils ne prêtent pas serment avant d'entrer en fonction.

Dans la série « les acteurs de la justice », nous parlerons prochainement des huissiers de justice, et plus récemment des huissiers commissaires de justice.

De l'huissier de justice à l'huissier commissaire de justice.

1. Les huissiers de justice avant la réforme de 2016.

Convocation en justice, réclamation d'argent, saisie de biens d'un débiteur, expulsion d'un locataire mauvais payeur, voilà la caricature de l'huissier telle que cette profession se présente dans la mentalité populaire. Quid des huissiers de justice avant la réforme.

L'article 1er de la Loi N°95-069 du 25 Août 1995 prévoyait trois catégories d'huissier :

1 les Huissiers titulaires de charge,

2 les Fonctionnaires Huissiers,

3 les Huissiers Ad hoc.

Ces trois catégories exerçaient les mêmes missions. Il faut cependant préciser que les fonctionnaires huissiers et les huissiers ad hoc n'étaient que des huissiers occasionnels.

Les huissiers de justice étaient des auxiliaires de justice.

L'article 2 du Statut des huissiers disaient que les huissiers de justice sont des officiers ministériels.

Prestataires de service, les huissiers titulaires de charge ne sont ni agents de l'Etat ni fonctionnaires. Ils exercent une profession libérale et ne sont soumis dans l'exécution de leur mission qu'au respect de la loi et à la déontologie de leur profession.

Ils prêtaient serment avant d'entrer en fonction.

Les huissiers avaient seuls qualité pour signifier les actes et les exploits ; les seuls qualifiés pour faire les notifications.

Ils étaient chargés de l'exécution des décisions de justice et d'assurer le service des audiences.

Les huissiers pouvaient procéder au recouvrement amiable ou judiciaire des créances et en l'absence de commissaire-priseur, pouvaient procéder à la vente aux enchères publiques.

Pour l'exécution de ces missions de justice, les Huissiers de Justice tenaient de la loi le pouvoir de requérir l'assistance de la force publique. En clair, l'huissier pouvait se faire assister dans l'exécution d'une décision de justice soit de la police soit de la gendarmerie ou des éléments de la garde nationale. Il s'agira pour l'huissier de recourir à ce procédé chaque fois que cela est nécessaire. L'huissier ne doit pas être tenté par le spectaculaire. En tout état de cause, il est professionnellement responsable de l'utilisation inconsidérée de la force publique.

A titre accessoire, l'huissier de justice pouvait être administrateur d'immeuble, administrateur séquestre, rédacteur d'acte.

Il pouvait à la requête d'une partie procéder à la constatation de faits dont il rédige le procès-verbal pour toutes fins utiles.

Depuis la loi de 1995, le postulant à la charge d'huissier devait être titulaire d'une licence en droit ou d'un diplôme équivalent.

Les huissiers étaient organisés professionnellement autour d'une structure appelée Chambre Nationale des Huissiers ayant à sa tête un Président, élu par ses pairs pour un mandat de trois ans. Le Président était assisté d'un bureau élu dans les mêmes conditions. Au niveau régional, existaient les chambres régionales.

Les huissiers de justice dans l'exécution de leur tâche étaient assistés de clercs d'huissiers.

Les clercs d'huissiers étaient obligatoirement inscrits sur un registre tenu à cet effet à la chambre nationale des huissiers. Il y avait trois catégories de clercs d'huissiers :

-les clercs de 1ère catégorie étaient nommés par Arrêté du Ministre de la Justice sur proposition de l'huissier titulaire de charge,

-les 2ème et 3ème catégories étaient nommées par Ordonnance du Président de la Chambre Nationale des Huissiers.

Nous avons assisté à cette époque à un désordre dans cette profession. Des personnes non qualifiées étaient chargées par les Cabinets de faire des actes, de servir les citations, de faire des commandements, des sommations.

La mauvaise perception de cette profession par le public venait certainement de la pratique de ces faux huissiers qui pour la plupart ne remplissaient pas les conditions d'exercice de clercs d'huissier.

Considéré comme bras séculier de la justice, l'huissier avait droit à toute la protection de la loi.

L'histoire nous apprend qu'au 16ème siècle, le Roi Louis XII, apprenant qu'un jeune Prince avait cassé le bras d'un huissier qui s'était présenté à lui pour une notification, le Roi entra au parlement le bras en écharpe ; sans doute, par solidarité avec l'huissier mais surtout pour montrer que cette voie de fait exercée contre un huissier était attentatoire à la justice dont le Roi était le garant.

2. Les huissiers commissaires de justice

La loi N°2016-053 du 20 Décembre 2016 par la fusion qu'elle a opéré a créé une nouvelle profession, celle des Huissiers-commissaires de justice. Dans son article 1er cette loi dispose : « Une nouvelle profession dont les membres portent le titre d'Huissier commissaire de justice est substituée aux professions de Huissier de justice et de Commissaire-priseur… »

En réalité, cette loi a ajouté aux missions des huissiers de justice celles des commissaires-priseurs, celles contenues dans la loi 88-04 ANRM du 27 Février 1988 portant statut des Commissaires-priseurs.

Ainsi la suite de l'article 1er précise que les Huissiers commissaires de justices sont des officiers publics et ministériels chargés d'assurer le service public de la signification et de l'exécution. Ils ont seuls qualité pour signifier les actes et exploits, faire les notifications prescrites par les lois et les règlements. Ils sont chargés de procéder à l'exécution des décisions de justice, des actes juridictionnels et des actes ou titre en forme exécutoire.

Les actes dressés par les Huissiers commissaires de justice font foi jusqu'à inscription de faux.

- Les Huissiers commissaires de justice comme leurs ancêtres assurent le service des audiences des cours et tribunaux. Ils portent à l'occasion le costume règlementaire.

- Les Huissiers commissaires sont également chargés de procéder à l'estimation et à la vente aux enchères publiques des meubles et mobiliers corporels objets de saisies – ventes. Ils procèdent à la vente aux enchères publiques des biens réformés de l'Etat, des collectivités territoriales, du secteur parapublic, des Organisations Non Gouvernementales (ONG), des organisations internationales, des représentations diplomatiques et consulaires au Mali.

Ils sont compétents pour procéder à l'évaluation et à l'estimation de valeur dans le cas de la liquidation des successions.

On peut faire recours au service d'huissiers commissaires de justice pour superviser les ouvertures de plis dans le cadre des marchés soumis à concurrence.

- En plus de ces missions, les huissiers commissaires de justice sont chargés de procéder à des constats, sommations interpellatives, au recouvrement amiable ou judiciaire de toutes les créances. Ils peuvent être désignés comme administrateurs séquestres des biens.

- Aux termes de l'article 424 cpccs, ils peuvent représenter ou assister une partie, dans ce cas ils bénéficient de la dispense de justifier d'un mandat.

La charge d'huissier est, depuis la nouvelle loi , instituée pour couvrir le ressort territorial de chaque Cour d'Appel, mais en matière de vente volontaire la compétence est nationale, c'est-à-dire qu'une ONG (Organisation Non Gouvernementale) peut solliciter les services d'un huissier de Bamako pour procéder à l'évaluation et à la vente amiable de ses biens situés à Gao, ressort territoriale de la Cour d'Appel de Mopti.

Au titre de l'article 9 de la nouvelle loi « l'admission à la charge d'huissier commissaire de justice s'effectue par voie de concours » le postulant doit être titulaire d'une maitrise en droit privé ou tout autre diplôme national ou étranger considéré comme étant de même spécialité ou d'un niveau au moins équivalent.

Le postulant doit être de nationalité malienne ou ressortissant d'un Etat accordant réciproquement le même droit aux ressortissants maliens.

Comme pour l'ancienne profession des huissiers, il existe les clercs d'huissiers commissaires de justice avec les mêmes modes de recrutement (être titulaires d'une maîtrise en droit privé) et soumis à la même discipline.

Il existe au niveau national un seul ordre des Huissiers commissaires de justice.

Il est également créé une chambre régionale des huissiers commissaires de justice dans le ressort de chaque Cour d'Appel.

L'Huissier commissaire de justice est soumis à une discipline et à sa déontologie. Il encourt des sanctions disciplinaires et mêmes pénales s'il commet des fautes disciplinaires ou des infractions à la loi pénale.

L'office de l'huissier commissaire de justice est inviolable. Son accès pour procéder à des perquisitions et des saisis est subordonné à l'autorisation du Procureur Général près la Cour d'Appel.

Il ne pourra être procédé à son arrestation qu'après l'autorisation du Ministre de la justice.

Les notaires

Nous faisons connaissance avec des acteurs peu connus qui, à la différence des précédents (auxiliaires de justices) ne sont pas des « hommes de terrain ».

Qu'est-ce qu'un Notaire ?

La loi N°2014-027 du 4 Juillet 2014 portant ratification de l'ordonnance N°2013-027/PRM du 31 Décembre 2013 portant Statut du Notaire en parlant de cette profession judiciaire dit que les Notaires sont des officiers publics et ministériels institués à vie pour assurer un service public de la preuve. En clair, le notaire est un rédacteur d'actes, nanti d'une délégation de la puissance publique et qui confère à ces actes l'authenticité attachée aux actes de l'autorité publique.

Il faut rappeler qu'il y a globalement deux catégories d'actes : les actes sous seing privé ou sous signature privée qui font foi jusqu'à preuve contraire et les actes authentiques ou actes solennels qui font foi jusqu'à inscription de faux dans les conditions déterminées par la loi.

C'est seule la procédure de faux et usage de faux soit au pénal soit au civil qui peut ébranler les actes authentiques.

L'article 57 du Statut des Notaires dispose « tout acte notarié fait foi en justice jusqu'à inscription de faux et est exécutoire sur toute l'étendue de la République.

Néanmoins, en cas de plainte en faux principal, l'exécution de l'acte argué de faux est suspendue par une ordonnance du Juge d'instruction saisi de l'affaire.

En cas d'inscription de faux faite incidemment, les tribunaux saisis peuvent, suivant la gravité des circonstances, suspendre provisoirement l'exécution de l'acte argué de faux. »

Les notaires reçoivent tous les actes et/ou contrats auxquels les parties doivent ou veulent donner le caractère d'authenticité et pour en assurer la date, en conserver le dépôt, en délivrer les grosses, expéditions ou extraits.

La loi a exigé que certains actes soient obligatoirement établis par un notaire pour être assuré d'une protection judiciaire. Ce sont :

1 les donations entre vifs ou donations entre époux (ce sont les donations que de son vivant une personne peut faire contrairement au testament. Si la donation vaut transfert de biens du vivant du donateur et de celui du donataire, le testament est une donation qui ne peut s'opérer qu'après la mort de celui qui donne) ;

2 les testaments authentiques et mystiques ;

3 le contrat de mariage pour le couple qui veut opter pour la monogamie et le régime de la communauté des biens ;

4 les actes constitutifs ou translatifs de droits réels immobiliers telles les ventes d'immeubles et les constitutions d'hypothèque ;

5 les actes de sociétés à but lucratif (création de sociétés commerciales, fusions de sociétés, autres…).

En dehors de ces cas obligatoirement prévus par la loi, les personnes physiques ou morales, toutes les fois qu'elles veulent pré constituer une preuve irréfutable, peuvent recourir au notaire qui donne l'authenticité aux faits et actes qu'il constate.

L'acte notarié fait foi en justice et est exécutoire sur toute l'étendue de la République.

Lorsque les parties qui se présentent devant un notaire pour dresser un acte peuvent signer, l'acte est reçu par un seul notaire.

Les parties à l'acte notarié peuvent se faire représenter aux actes par des personnes dûment mandatées.

Certains actes sont établis avec le concours de témoins instrumentaires ou certificateurs.

La loi a prescrit que certains actes à peine de nullité doivent être reçus par deux notaires ou par un notaire assisté de deux témoins instrumentaires. Ce sont :

1 les testaments authentiques ou mystiques,

2 les donations entre vifs ou donations entre époux autres que celles inscrites dans le contrat de mariage,

3 les donations partages d'ascendants et testaments partages,

4 les acceptations de donation, révocation de testaments ou de donations,

5 les procurations ou autorisations de consentir ces mêmes actes.

6 Les témoins certificateurs sont des personnes qui attestent l'identité des parties lorsque celles-ci n'est pas connue suffisamment du notaire.

La profession de Notaire étant une profession libérale, le Notaire pour la prestation de ses services, perçoit des émoluments dont les tarifs sont fixés par décret pris en conseil des ministres.

Les Notaires sont accessoirement administrateurs séquestres et le plus souvent, ils sont chargés de la liquidation des successions. Ils procèdent au partage des biens entre les héritiers.

La loi qui a donné ces pouvoirs exorbitants au Notaire a autant été exigeante vis-à-vis de son ministère. L'article 37 dit que « en toutes circonstances, même en dehors de leur ministère, les notaires doivent faire preuve de la dignité et de la délicatesse que leur impose la profession ».

Ainsi, la dignité imposée au notaire lui défend de passer ou de rédiger des actes dans les hôtels, cafés ou autres lieux publics sauf en cas de force majeure comme recevoir par exemple le testament d'un homme dont l'état physique ne lui permet plus de venir au cabinet du notaire. Il est fait défense au notaire de recevoir tout acte où ses parents ou alliés en ligne directe sont parties ou tout acte qui contient quelques dispositions en faveur du notaire lui-même.

Dans les juridictions où ne réside pas un notaire, les fonctions de notaire sont assurées par les greffiers en chef de ces juridictions qui prennent le titre de Greffiers- Notaires.

Les Notaires peuvent se faire aider par des collaborateurs appelés Clercs de Notaires dont le mode de recrutement est déterminé par la loi.

Le Notaire avant de rentrer en fonction prête serment devant la Cour d'Appel. Ils sont astreints au secret professionnel.

Les Procureurs Généraux ont un pouvoir permanent de contrôle sur les offices de notaires.

L'office notarial est inviolable dit la loi. Son accès est subordonné à une autorisation du Procureur Général près la Cour d'Appel.

Les notaires sont professionnellement organisés autour de la Chambre Nationale des Notaires ayant à sa tête un Président élu par ses pairs.

Par ce bref exposé, nous avons simplement expliqué ce qui nous paraît essentiel pour connaître ces hommes – les Notaires- quelque peu casaniers qui dans le secret de leur office pré constituent la preuve qui octroie à l'acte volontaire la sécurité juridique nécessaire.

Les officiers de police judiciaire :

Le nouveau Code de Procédure Pénale (Loi n°01-080 du 20 Août 2001) contrairement à l'ancien code a considérablement réduit la liste des personnes auxquelles la loi a donné la qualité d'Officier de Police judiciaire **(OPJ),** ainsi l'article 33 Code de Procédure Pénale dispose :

« Sont officiers de police judiciaire :

1) les maires et leurs adjoints,

2) le Directeur général de la police Nationale et son adjoint

3) le Directeur Général de la gendarmerie Nationale et son adjoint

4) les Officiers de la gendarmerie nationale en poste dans les services actifs de la police judiciaire.

5) les fonctionnaires du corps des Commissaires de Police, de la Police Nationale en poste dans les services actifs de la police Judiciaire ;

6) les Inspecteurs de police ayant au moins 5 ans d'ancienneté nommés, officiers de police judiciaire par Arrêté du Ministre de la justice sur proposition du Procureur Général.

7) les sous-officiers de la gendarmerie ayant au moins 5 ans d'ancienneté nommés officiers de police judiciaire par arrêter du Ministre de la justice sur proposition de Procureur Général ».

Le constat est que des treize (13) autorités prévues par l'ancien code, le nouveau n'a retenu que les sept (7) sus- désignées.

Les Officiers de Police Judiciaire sont, au terme de la Loi, des auxiliaires de justice avec toute la protection judiciaire liée à cette qualité.

Désormais il ne suffit plus d'être officier de l'armée pour avoir la qualité d'officier de police judiciaire. Il ne suffit pas non plus d'être officier de gendarmerie ou commissaire de police, il faut que ces agents soient dans les services actifs de police judiciaire c'est-à-dire dans des unités d'enquêtes.

Les officiers de police judiciaire ont pour principale mission de constater les infractions à la loi pénale, d'en rassembler les preuves et d'en rechercher les auteurs.

La police judiciaire exécute également les délégations et les commissions rogatoires des juridictions d'Instruction et défèrent à leurs réquisitions et à leurs instructions.

L'article 31 précise que : « la police judiciaire est exercée *sous la direction du Procureur de la République...* » Elle est placée *sous la surveillance du Procureur Général* et *sous le contrôle de la chambre d'Accusation.*

En clair, lorsque les officiers de police judiciaire exercent des missions de police judiciaire ils restent exclusivement sous la direction et le contrôle des autorités judiciaires (Procureur de la République, juge de paix, Procureur général, juge d'instruction et chambre d'accusation).Les OPJ doivent leur rendre compte et déférer à leurs instructions et non à celui de leur autorité hiérarchique traditionnelle.

Les Officiers de police judiciaire qui seraient tentés d'oublier ces règles peuvent courir le risque d'être déchus de leur qualité d'officier de police judiciaire par la Chambre d'Accusation sur réquisitions du Procureur général.

La qualité d'officier de police judiciaire n'est pas que contrainte, elle présente certains avantages dont le plus notable est le privilège de juridiction qui leur est accordé par l'article 623 CPP.

La loi a décidé qu'en matière pénale l'Officier de Police Judiciaire n'aura pas le même traitement qu'un justiciable ordinaire. Ainsi l'article 623 du code de procédure pénale dispose que « lorsqu'un officier de police judiciaire,... est susceptible d'être inculpé d'un crime ou d'un délit qui aurait été commis dans la circonscription où il est territorialement compétent, hors ou dans l'exercice de ses fonctions, le Procureur saisi de l'affaire présente sans délai, requête à la chambre criminelle de la Cour Suprême, qui procède et statue comme en matière de règlement de juge et désigne la juridiction chargée de l'instruction ou du jugement de l'affaire... ».

Cette procédure spéciale met l'OPJ à l'abri de procédures intempestives et vexatoires. Elle n'est pas cependant synonyme d'impunité.

Les officiers de police judiciaire ont de par la loi le droit de requérir directement la force publique.

Seuls les officiers de police judiciaire dans un commissariat ou dans une Brigade de Gendarmerie ont le droit pour les nécessités de l'enquête de garder à vue toute personne dont la responsabilité peut être recherchée dans la commission d'une infraction.

Cette garde à vue doit s'opérer dans les conditions et les délais prévus par la constitution (article 10) et par le code de procédure pénale en ses articles 76 et 77.

Toute détention (garde à vue) opérée par des agents non qualifiés ou dans des conditions et délais non conformes expose leur auteur à des sanctions disciplinaires et/ou à des poursuites judiciaires par le parquet d'instance.

II

LES VOIES D'ACCES A LA JUSTICE

L'accès à la justice devient de plus en plus un vrai calvaire pour le justiciable, pour le citoyen ordinaire. Le chemin d'accès à la justice devient le chemin de croix avec son cortège d'incertitude, de surprise, de perte de temps, d'argent, etc.

Nous allons tenter de vous expliquer sommairement ce que vous pouvez faire pour accéder à la justice pour la défense de vos droits.

En justice, les affaires se divisent globalement en deux branches : les affaires civiles et les affaires pénales.

1 - Les affaires civiles

Il s'agit de toutes les affaires opposant généralement les particuliers entre eux ou souvent même l'Etat et un particulier.

Il peut s'agir :

- □ des affaires purement civiles (réclamations de somme d'argent, demande de divorce, demande d'expulsion d'un locataire…) ;
- □ des affaires commerciales (exécution d'un contrat entre deux commerçants, entre un commerçant et une société commerciale, entre deux sociétés commerciales, etc.) ;
- □ des affaires sociales (réclamations d'un salarié contre son employeur) ;
- □ des affaires administratives (réclamation d'un citoyen contre un acte de l'administration qui lui fait grief, recours en excès de pouvoir contre un acte du gouvernement,…).

Depuis la modification du Code de Procédure Civile Commerciale et Sociale par le Décret N°09-220-PRM du 11 Mai 2009, la saisine du Juge civil se fait désormais soit par un acte introductif d'instance, soit par assignation notifiée par un huissier commissaire de justice dans les formes prescrites à l'article 762 nouveau.

L'article 1er du Code de Procédure Civile modifié dispose « l'instance est introduite par requête ou par déclaration verbale au greffe de la juridiction, soit par présentation volontaire des parties devant le juge ou par remise d'une requête conjointe au greffe de la juridiction. L'instance peut être introduite aussi par assignation notifiée conformément aux articles 762 et suivants et contenant toutes les énonciations de l'article 55 du présent code ».

Désormais le nouveau code dispose que l'acte introductif d'instance ou l'assignation doit contenir des renseignements et indications substantielles à peine d'irrecevabilité.

1°) - Pour les personnes physiques, l'indication des noms, prénoms, profession, domicile, nationalité date et lieu de naissance du demandeur ;

- Pour les personnes morales (Exemple : une société commerciale) l'indication de leur forme, leur dénomination, leur siège social et de l'organe qui les représente légalement ;

2°) L'indication des noms, prénoms et domicile de la personne contre laquelle la demande est formée, s'il s'agit d'une société, sa dénomination et son siège social.

3°) Il faudra préciser l'objet de la demande (Exemple : demande de divorce, ou réclamation de somme d'argent, ou expulsion d'un locataire).

4°) la requête doit être timbrée, datée et signée par le demandeur ou son représentant dûment mandaté.

La loi déclare que si votre « requête » ne répond pas à ces exigences légales elle sera déclarée irrecevable par le juge avant tout débat sur le fond. »

Le Tribunal est également saisi par une assignation. Cette assignation est présentée par des professionnels du droit que sont les huissiers commissaires de justice qui doivent veiller à ce que toutes les mentions substantielles y figurent à peine d'irrecevabilité.

L'assignation vaut conclusion car outre qu'elle précise l'objet du litige, mais elle développe également les arguments de fait et de droit, au succès de la cause.

Contrairement à certains pays où la loi exige que pour agir en justice, il faut constituer un avocat ; au Mali, cela n'est nullement une exigence pour la saisine des juridictions de premier et second degré (c'est-à-dire au niveau du Tribunal ou de la Justice de paix et devant la Cour d'Appel).

Même devant la Cour Suprême les causes peuvent être présentées par les parties au procès ou par leurs représentants dûment mandatés.

Vous voulez saisir le juge pour qu'il tranche un litige vous opposant à une autre personne, faites une demande adressée au Président de la juridiction selon la nature du litige et préciser l'objet et les mentions exigées par le code.

S'il s'agit d'un litige opposant deux commerçants, deux sociétés commerciales, la demande est adressée au Président du Tribunal de Commerce dans les mêmes formes à peine d'irrecevabilité.

Vous avez des problèmes avec votre locataire, avec votre épouse, avec votre débiteur…, vous pouvez adresser une demande au Président du Tribunal ou au Juge de paix à compétence étendue.

La loi a exigé que la requête (demande) soit datée, signée et timbrée.

Elle doit préciser ce qui est demandé au Tribunal.

Le législateur a même permis que la demande puisse exceptionnellement être présentée verbalement. La requête verbale résulte du code du travail. Le travailleur qui a un différend avec son employeur peut saisir le Président du Tribunal de travail par une simple déclaration verbale qui sera matérialisée, elle vaudra saisine du Tribunal.

A côté de l'acte introductif d'instance ou de l'assignation qui sont considérées comme demande principale, la loi a prévu d'autres demandes. Il s'agit ***des demandes incidentes.***

Les demandes incidentes sont constituées de la demande additionnelle, de la demande reconventionnelle et de l'intervention (volontaire ou forcée).

La demande additionnelle est celle par laquelle une partie au procès modifie ses prétentions antérieures. Par exemple: Madame Traoré présente requête pour demander le divorce, cela est une demande principale. Au cours du procès elle se rappelle que son mari lui doit deux millions, elle veut réclamer le paiement de cette somme. Elle peut faire en sus de son action initiale, une réclamation de sommes d'argent, cela est une demande additionnelle qui sera intégrée à la cause à examiner par le Juge.

Constitue aux termes de la loi (article 58) ***une demande reconventionnelle***, celle par laquelle le défendeur originaire prétend obtenir un avantage autre que le simple rejet de la prétention de son adversaire.

Elle se distingue de la défense au fond qui se limite à développer une argumentation de fait ou de droit s'opposant aux prétentions adverses. Elle doit émaner du défendeur originaire c'est-à-dire le défendeur à la demande initiale.

Par exemple Issa demande le divorce d'avec son épouse Bintou qu'il traite de femme légère et irrévérencieuse.

Bintou peut avoir deux attitudes :

1 soit se défendre simplement contre les griefs évoqués par son mari ;

2 soit reprocher elle-même à son mari les violences et les injures dont elle est constamment victime.

Pour que cela soit pris en compte, il faut que Bintou se porte demandeur ou demanderesse reconventionnelle en divorce.

La demande reconventionnelle n'est pas induite, elle doit être expressément formulée par la partie qui veut en bénéficier. Elle peut être simplement verbale et sera consignée par les soins du greffier dans le registre de l'audience et apparaître à la rédaction des notes d'audience.

L'intervention est la troisième demande incidente. Elle se définie comme « la demande dont l'objet est de rendre un tiers partie au procès engagé entre les parties originaires ». Sa caractéristique essentielle est donc d'étendre l'instance à un tiers. Au terme de la loi le tiers est une personne (physique ou morale) qui au départ n'est ni présente, ni représentée à l'instance. Exemple : la compagnie d'assurance considérée comme tiers dans une instance en réparation de préjudice opposant l'automobiliste et le piéton peut volontairement intervenir ou être appelée de force. Selon le cas on parle ***d'intervention volontaire ou d'intervention forcée***. Ainsi l'intervention est volontaire si elle émane du tiers lui-même qui décide de se joindre à une instance pendante. Dans le cas contraire, lorsque c'est une partie à l'instance qui met en cause un tiers, l'intervention est forcée.

L'intervention étant une demande en justice, elle est soumise aux conditions de recevabilité de droit commun, à savoir : une capacité, un intérêt, le cas échéant une qualité pour agir.

L'intervention ne sera recevable en outre que si elle se rattache aux prétentions des partie par un lien suffisant.

L'intervention peut en principe se produire dans tout type de procédure, gracieuse comme contentieuse, y compris la procédure des référés.

L'intervention volontaire peut généralement être formée par de simples conclusions adressées au président du tribunal, alors que l'intervention forcée suppose toujours un acte introductif d'instance en première instance et une assignation en appel.

En revanche devant la Cour Suprême une seule forme d'intervention est recevable, l'intervention volontaire à titre accessoire. (cf. art 61 cpccs in fine).

L'intervention accessoire se définie comme celle qui appuie les prétentions d'une partie. Le tiers, intervenant accessoire n'élève aucune prétention pour son propre compte, il se contente d'apporter son soutien à l'une des parties à la procédure.

L'article 65 code de procédure civile, commerciale et sociale dit que « le juge peut inviter les parties à mettre en cause tous les intéressés dont la présence lui parait nécessaire à la solution du litige.

En matière gracieuse, il peut ordonner la mise en cause des personnes dont les droits ou les charges risquent d'être affectés par la décision à prendre ».

De la consignation

De façon générale, en matière civile l'article 35 du code de procédure civile dispose que « le demandeur sera tenu de verser une consignation dont le montant est destiné à couvrir les divers frais de procédure et d'enregistrement sous peine d'irrecevabilité de l'instance ».

Dans la pratique, chaque fois que vous déposez une requête, le Président du Tribunal vous autorise à verser entre les mains du greffier en chef contre quittance une consignation forfaitaire selon la nature de l'affaire.

Le défaut de paiement de la consignation rend irrecevable votre demande.

Après le jugement de l'affaire, le greffier en chef peut vous demander un supplément de consignation pour les besoins d'enregistrement de la décision de justice auprès du service des domaines et de l'enregistrement.

En cas d'appel et lorsqu'une consignation est exigée, l'appelant doit verser entre les mains du greffier en chef de la cour d'appel une consignation, à défaut, son appel sera déclaré irrecevable pour défaut de consignation.

En cas de formation du pourvoi une consignation est exigée, elle est versée entre les mains du greffier en chef de la cour d'appel, à défaut au greffe de la cour suprême contre quittance.

Cet exposé n'est pas exhaustif, il s'agit simplement de vous donner une idée sur les voies par lesquelles on peut avoir accès à la justice civile, saisir une juridiction civile.

2 - Les affaires pénales

On parle d'affaires pénales lorsqu'un individu a commis des actes qui portent atteinte à l'ordre public, qui cause un dommage à la société. Les divers comportements antisociaux sont d'avance spécifiés par la loi et constituent ce qu'on appelle des **infractions à la loi pénale**.

IL existe diverses catégories d'infractions.

1) Les infractions les moins graves sont :

a- *les contraventions de simple police* : Ce sont les infractions punies de la peine d'amende de 3000 à 18.000Fcfa ou de l'emprisonnement de 1 à 10 jours. Ce sont par exemple les violations à la réglementation de la circulation routière (code de la route) ; les rixes ; les embarras de la voie publique ; l'ivresse publique ; les violences légères ; les tapages ; la divagation d'animaux dangereux ; etc.

b- *les délits :* Ce sont des infractions punies des peines telles, les amendes, la peine de travail d'intérêt général (TIG) ; les peines d'emprisonnement de 11 jours à 5 ans. Ce sont généralement des cas de vol non aggravés, les coups et blessures volontaires, les blessures et homicides involontaires (généralement suite aux accidents), les escroqueries, l'opposition à l'autorité légitime, l'abus de confiance, les fraudes, etc.).

2) Les infractions les plus graves

Il s'agit de celles qui portent suffisamment atteinte à l'ordre public et à la société. Elles sont appelées Crimes.

Les infractions criminelles sont les plus graves. Elles sont toujours jugées par la Cour d'Assises alors que les contraventions et les délits sont jugés par le Tribunal ou la Justice de paix à compétence étendue.

Pour vous donner une idée des infractions criminelles, on peut citer les cas de viol, de pédophilie, d'assassinat, de vols qualifiés (vols commis en bande, vols commis avec violence etc.), de corruption, de blanchiment d'argent, de détournement de deniers publics, de crime rituel et spéculatif, des attentats et complots contre la sécurité intérieure de l'Etat, des crimes contre l'humanité, de génocide, de faux monnayage ; etc.

Aussi, chaque fois qu'un citoyen, une personne est victime de faits susceptibles d'être qualifiés d'infraction et qu'il veut saisir la justice pénale, il doit rédiger une **plainte** ou faire **une dénonciation** aux autorités chargées des poursuites (cf art 58 et suivants du Code de Procédure Pénale – CPP-)

3 - La plainte

Le petit lexique Dalloz définie la plainte comme l'acte par lequel la partie lésée par une infraction porte celle-ci à la connaissance du Procureur de la République (ou du Juge de paix) directement ou par l'intermédiaire d'une autre autorité.

La plainte peut être adressée soit au Procureur de la République soit au Juge de paix à compétence étendue, soit au Commissaire de police, soit au Commandant de brigade de gendarmerie.

Dans quelle condition et quand peut-on porter plainte ?

La plainte peut être une simple lettre missive écrite soit à la main, soit dactylographiée soit saisie à l'ordinateur.

Vous pouvez porter plainte dès lors que vous avez été victime d'une infraction (par exemple en cas de vol, d'agression, etc.).

Vous devez le faire si :

1 vous considérez que l'auteur de l'infraction doit être recherché, poursuivi et condamné ;

2 vous voulez obtenir une réparation du préjudice que vous avez subi.

Il faut préciser que votre plainte doit être simple et lisible. Vous devez préciser votre identité et celle de la personne contre laquelle vous portez plainte, cela pour permettre aux enquêteurs ou à la justice de retrouver la personne objet de la plainte.

Vous pouvez porter plainte **contre x,** si vous ignorez la personne qui vous a causé le tort.

Où pouvez- vous porter plainte ?

S'il s'agit d'une plainte simple vous pouvez porter plainte en adressant votre lettre :

- soit au Procureur de la République si vous relevez d'un Tribunal de grande Instance ou d'instance.
- soit au juge de paix à compétence étendue si les faits ont été commis dans le ressort de cette juridiction.
- soit à la brigade de gendarmerie ou le commissariat de police le plus proche du lieu de l'infraction.

Ceux-ci procéderont à l'enquête préliminaire dont le procès-verbal sera transmis accompagné de votre plainte au Procureur ou au juge de paix.

La personne arrêtée sera déférée au parquet en même temps que le PV d'enquête préliminaire.

Pour conforter votre plainte vous devez y joindre toutes les pièces nécessaires : par exemple : Si vous avez été agressé et blessé, joindre à votre lettre les certificats médicaux constatant les blessures. Si vous n'avez pas vu un médecin avant de porter plainte, exiger que les autorités chargées de l'enquête vous remettent une Réquisition à Docteur.

Pour vous permettre de savoir « à quelle porte il faut taper », nous vous donnons lecture de l'article 54 Code de Procédure Pénale qui dispose que : *« sont compétents le Procureur du lieu de l'infraction, celui de la résidence de l'une des personnes soupçonnées d'avoir participé à l'infraction, celui du lieu d'arrestation d'une de ces personnes même si cette arrestation a été opérée pour une autre cause. »*

Si vous avez des raisons de croire que votre plainte peut être retardée par la police ou la gendarmerie ou simplement classée sans suite par le Procureur de la République ou le Juge de paix à compétence étendue, vous pouvez directement vous adresser à un Juge d'instruction. C'est ce qu'on appelle *plainte avec constitution de partie civile.*

L'article 62 dispose : *« toute personne qui se prétend lésée par un crime ou un délit peut, en portant plainte se constituer partie civile devant le juge d'instruction compétent ».*

Il y a une différence notable entre la plainte simple et la plainte avec constitution de partie civile.

Dans les premiers cas (plainte adressée au Procureur de la République, ou à la gendarmerie ou au commissariat) le plaignant ne paiera aucune somme d'argent, c'est le parquet qui prend l'initiative des poursuites.

Au contraire dans le cas de la plainte avec constitution de partie civile, le plaignant sous peine d'irrecevabilité de sa plainte est obligé de déposée au greffe du Tribunal une consignation dont le montant est fixé par le juge d'instruction. Ce montant devant couvrir les frais de la procédure.

Dans le cas de la plainte avec constitution de partie civile, la procédure est déclenchée sans la phase d'enquête préliminaire. Aussi chaque fois que l'OPJ doit intervenir ce ne sera qu'en exécution des missions que le Juge d'instruction lui aurait confiées par commission rogatoire.

La seconde différence est que l'auteur d'une plainte avec constitution de partie civile peut être exposé à des actions en dommages intérêts ou même à des poursuites pénales pour diffamation par celui contre lequel il a porté plainte, lorsqu' il ne sera pas juridiquement prouvé que la personne dénoncée dans la plainte est coupable des faits.

Cela peut ressembler souvent à un retour de manivelle contre le plaignant.

Celui qui présente une plainte simple ne court pas ce genre de risque.

Quelles sont les procédures possibles pour le traitement judiciaire de votre plainte ?

Après avoir précédemment expliqué les conditions dans lesquelles vous pouvez porter plainte, aujourd'hui nous nous intéressons au sort qui peut être réservé à cette plainte.

Quelle que soit la démarche que vous adoptez, c'est toujours le Procureur de la République ou le Juge de Paix à Compétence Etendue qui dispose du pouvoir de déterminer le sort réservé à cette plainte.

La plainte en général est renvoyée vers les unités d'enquêtes de la gendarmerie ou de la police. Ces autorités dressent ce qu'on appelle le Procès-Verbal d'Enquête Préliminaire dont l'original est adressé soit au Procureur de la République, soit au Juge de Paix.

Le Procureur ou le Juge de paix qui reçoit le Procès-Verbal d'enquête préliminaire exerce l'action publique, en clair, c'est lui qui engage les poursuites judiciaires. Le procureur tire ses prérogatives de la loi, on parle d'opportunité des poursuites.

Les autorités de poursuite disposent pour ce faire de plusieurs possibilités :

1- Le Procureur ou le Juge de paix estime que l'affaire n'est pas très grave, ne constitue pas une infraction, ou ne trouble pas suffisamment l'ordre public, il peut classer sans suite.

Dans ce cas, il a l'obligation d'informer la victime et lui indiquer la voie judiciaire à suivre dans l'avis de classement sans suite qu'il adresse au plaignant ;

2- Il peut proposer l'affaire à la Médiation Pénale s'il s'agit d'une infraction mineure et si la victime le désire ;

3- Il peut envoyer l'affaire directement devant le tribunal pour jugement, c'est la Citation Directe ou la Comparution Immédiate lorsque l'affaire présente une certaine gravité.

4- Il peut saisir le juge d'instruction lorsque l'affaire est complexe ou lorsqu'il s'agit d'un crime ou d'une affaire intéressant les mineurs.

Le juge d'instruction va de façon plus approfondie recueillir tous les éléments utiles à la recherche de la vérité.

Au terme de l'information judiciaire le juge d'instruction peut :

- soit prononcer un Non-lieu à suivre ; qui est une décision par laquelle le juge instructeur décide de ne pas faire juger l'auteur des faits poursuivis par une juridiction, soit pour faute de charges suffisantes contre l'intéressé, soit en raison des difficultés de son identification, soit pour absence d'infraction, soit pour tous autres motifs de droit,
- soit renvoyer l'affaire et l'auteur de l'infraction devant un Tribunal correctionnel pour y être jugé conformément à la loi ;
- soit ordonner que l'affaire soit transmise au Procureur Général en vue du jugement de l'auteur de l'infraction par la Cour d'Assises si les faits constituent un crime.

Le Procureur de la République dans cette façon de faire tire ses prérogatives de la loi. On parle d'opportunité des poursuites du Procureur de la République. Ce pouvoir ne joue pas totalement en cas de plainte avec constitution de partie civile. La jurisprudence admet que c'est seulement en cas d'absence évidente d'infraction que le procureur pourrait refuser les poursuites lorsque son réquisitoire est sollicité suite à la communication du dossier qui lui est faite par le magistrat instructeur.

Quelle est la différence entre les termes **prévenu, inculpé et accusé.**

La dénomination d'une personne, objet de poursuites pénales peut changer selon les étapes de la procédure ou la juridiction devant laquelle cette personne comparait.

On peut souvent entendre « **personne poursuivie** ou **mis en cause** » dès qu'il y'a poursuite pénale.

Lorsqu'une personne est mise en cause au cours de l'Instruction préparatoire, c'est-à-dire devant un Juge d'Instruction elle prend le nom d'**Inculpé.** Dans la procédure française (nouveau code de procédure pénale) on parle désormais du « mis en examen ».

Le Juge d'Instruction ne peut inculper que les personnes à l'encontre desquelles il existe des indices graves et concordants rendant vraisemblable qu'elles aient pu participer, comme auteurs ou comme complices, à la commission des infractions dont le Juge d'Instruction est saisi soit par les réquisitions du Procureur de la République, soit par la victime (plainte avec constitution de partie civile).

Le Prévenu est la personne contre laquelle est exercée l'action publique devant une juridiction de jugement en matière correctionnelle et contraventionnelle.

Si au contraire cette personne est poursuivie et jugée pour une infraction qualifiée crime, donc justiciable de la Cour d'Assises on parle d'accusé.

L'Accusé est la personne contre laquelle est exercée l'action publique et qui est jugée devant la Cour d'Assises.

En tant que plaignant, quels sont vos droits ?

Vous pouvez demander à la personne poursuivie la réparation du préjudice que vous avez subi (dommages intérêts) dès l'enquête préliminaire, c'est *l'exercice de l'action civile.*

Lorsque l'affaire est entre les mains d'un juge d'instruction, vous pouvez réclamer réparation auprès de cette autorité. On dit que *vous vous constituez partie civile* ; cela vous donne un droit de regard sur la procédure.

Lorsque l'affaire est envoyée devant le tribunal pour être jugée, si vous désirez demander réparation, vous pouvez *vous constituer partie civile à l'audience*. Deux possibilités vous sont offertes :

- Vous pouvez vous faire représenter ou assister par un avocat ou donner valable procuration à une autre personne pour vous représenter ;
- Vous pouvez aussi vous présenter seul à l'audience.

Le Procureur de la République vous aurait au préalable informé de la date de l'audience par la citation à partie civile servie par un huissier commissaire de justice ou par simple convocation.

Vous devez évaluer avec précision le montant de votre préjudice (bulletins de salaire pour le manque à gagner, factures de réparation de votre voiture ou de votre moto, notes de frais médicaux et pharmaceutiques, certificats médicaux et tous autres documents pouvant apporter la preuve du préjudice dont vous réclamez réparation).

Vous pouvez en outre demander au tribunal le jour de l'audience, la restitution des sommes d'argent ou objets vous appartenant qui auraient été saisis au cours de la procédure.

Toutes ces demandes doivent être faites de préférence avant le jugement de l'affaire.

Après le jugement de l'affaire que pouvez-vous faire ?

Si des dommages intérêts vous sont accordés par décision de la juridiction de jugement, c'est à vous qu'il appartient d'en poursuivre le recouvrement soit directement en vous adressant à la personne condamnée (exécution volontaire) soit en ayant recours au service d'un huissier commissaire (exécution forcée).

Si au contraire le jugement rendu ne vous convient pas, vous pouvez exercer les voies de recours ordinaires qui sont l'opposition et l'appel, selon que le jugement a été rendu alors que vous n'aviez pas été informé de l'audience (jugement par défaut) ou que le jugement a été rendu en votre présence (jugement contradictoire).

III
L'EXECUTION DES DECISIONS DE JUSTICE

1 - L'exécution provisoire

Dans le prétoire le justiciable se trouve de plus en plus perdu et déconcerté.

Se présentant devant le juge pour se défendre suite à une plainte ou à une requête, il est assuré que dans tous les cas la loi lui donne le droit d'exercer des voies de recours (l'opposition ou l'appel, ou le pourvoi en cassation ; etc.…), avec en général pour effet de suspendre l'exécution de la décision rendue.

Malheureusement cette assurance se trouve brisée par le vocable « exécution provisoire ».

L'exécution provisoire dans sa nature et dans son mode de fonctionnement se distingue de l'exécution définitive qui est poursuivi en vertu d'une décision judiciaire investie de la force de la chose jugée, c'est-à-dire décision devenue définitive parce que insusceptible de recours à effet suspensif.

Traditionnellement l'exécution provisoire est définie comme la faculté accordée à la partie gagnante du procès, de poursuivre (à ses risques et périls) l'exécution immédiate de la décision judiciaire, malgré l'effet suspensif attaché au délai de la voie de recours ou à son exercice.

Il s'agit de faire exécuter une décision non définitive.

L'exécution provisoire constitue une dérogation à l'effet suspensif des voies de recours ordinaires.

L'exécution provisoire a été imaginée à l'origine, pour déjouer les manœuvres dilatoires de la partie perdante. Devant l'accroissement dramatique de la durée des procédures du fait des plaideurs mal intentionnés, l'exécution provisoire est apparue comme un palliatif indispensable ; ce qui fera dire à P. Bertin dans un exposé « la nouvelle procédure civile » que « l'exécution provisoire est devenue un instrument procédural qui donne à la décision son efficacité, c'est par elle que sera renforcée la crédibilité de la justice. »

Qui peut demander l'exécution provisoire :

Tout plaideur qui réclame en justice quelque chose ou qui sollicite une mesure peut demander que le juge qui statue lui accorde l'exécution provisoire de ladite décision nonobstant toute voie de recours, c'est-à-dire que la décision puisse être exécutée même si son adversaire forme opposition ou fait appel.

La demande doit être expresse dans tous les cas où l'exécution provisoire n'est pas de droit.

Au Mali l'exécution provisoire est traitée par l'article 530 et suivant du Nouveau Code de Procédure Civile, Commerciale et Sociale (NCPCCS).

L'article 530 CPCSS dispose « *l'exécution ne peut être poursuivie sans avoir été ordonnée si ce n'est pour les décisions qui en bénéficient de plein droit.*

Sont notamment exécutoires de droit à titre de provision, les ordonnances de référé, les décisions qui prescrivent des mesures provisoires pour les cours de l'instance, celle qui ordonnent des mesures conservatoires.

L'exécution provisoire pourra en outre être donnée de droit s'il y a titre authentique, promesse reconnue ou condamnation précédente par jugement dont il n'y ait point appel. »

Il apparaît à la lecture de l'article 530 que l'exécution provisoire peut être soit de droit soit judiciaire.

1-1) l'exécution provisoire de droit :

La caractéristique essentielle est son automaticité qui prive le juge de tout pouvoir d'appréciation. L'exemple le plus caractéristique est celui des ordonnances de référé qui sont toujours assorties de l'exécution provisoire de droit par leur seule nature.

En claire même si vous exercez un recours ; par exemple l'Appel contre une ordonnance rendue en référé, la décision sera exécutée en dépit de cet Appel. L'effet suspensif de l'Appel se trouve suspendu par le caractère exécutoire par provision de l'ordonnance de référé.

A ce cas classique il faut ajouter les ordonnances sur requête qui sont exécutoires au seul vu de la minute. Mais en réalité il s'agit là d'une exécution définitive, une telle décision n'étant pas susceptible d'une voie de recours suspensive. Certes lorsqu'il y a refus d'ordonner par rejet, l'ordonnance sur requête peut faire l'objet d'un appel sans effet suspensif. Lorsqu'il est fait droit à la requête, la seule voie de recours qui reste ouverte est le référé rétractation sans effet suspensif non plus.

Comme exécution provisoire de droit, en plus des premières (ordonnance de référé et ordonnance sur requête) nous sommes tentés de citer ici les décisions du juge de l'exécution.

En effet l'article 49 Acte uniforme OHADA relatif aux voies d'exécution dispose que *« la juridiction compétente pour statuer sur tout litige ou toute autre demande relative à une mesure d'exécution forcée ou à une saisie conservatoire est le Président de la juridiction statuant en matière d'urgence ou le magistrat délégué par lui. Sa décision est susceptible d'appel dans un délai de 15 jours à compter du prononcer ; le délai d'appel comme l'exercice de cette voie de recours n'ont pas un caractère suspensif, sauf décision contraire spécialement motivée du Président de la juridiction compétente. »*

1-2) l'exécution provisoire judiciaire :

Par opposition à l'exécution provisoire de droit ou par nature, on parle de l'Exécution Provisoire Judiciaire.

Contrairement à l'exécution provisoire de droit, l'exécution judiciaire doit être prononcée par le juge compétent.

Sous réserve des conditions posées par la loi, le juge dispose d'une liberté totale pour décider de l'exécution provisoire qui peut être ordonnée pour tout ou partie de la condamnation.

En général c'est le juge auteur de la décision judiciaire qui peut assortir cette décision de l'exécution provisoire à la demande de la partie requérante. Il décide qu'elle sera totale pour l'ensemble de la condamnation civile ou simplement partielle.

Il peut même la rejeter s'il ne la juge pas suffisamment justifiée et prouvée.

L'article 531 CPCCS prévoit que le juge peut d'office, c'est-à-dire sans demande des parties, accorder l'exécution provisoire. Cette dernière question est délicate à résoudre si le juge n'a pas pris la précaution d'indiquer expressément qu'il statue d'office. S'il ne l'indique pas, il aurait alors statué ultra-petita c'est-à-dire sur une chose que les plaideurs n'auraient pas demandée.

Dans la pratique si ce n'est pour des mesures conservatoires ou de pure administration judiciaire, le juge ne s'aventure pas au cours d'une instance au fond à donner d'office l'exécution provisoire en l'absence d'une demande expresse des parties au procès.

Le Juge d'Appel peut lui aussi ordonner l'exécution provisoire.

Ce peut être le Premier Président, le conseiller de la mise en état. Il faudra préciser cependant, que pour éviter toutes difficultés compte tenu de la prohibition des demandes nouvelles en appel (article 576 CPCCS), la formation de la Cour d'Appel ne peut ordonner d'office l'exécution provisoire.

Lorsque l'exécution provisoire n'a pas été demandée devant la juridiction d'instance, elle ne saurait l'être en appel.

Si elle a été demandée mais a été omise par le juge d'instance il appartiendra au juge d'appel et non à l'auteur de la décision d'instance de réparer cet infra-petita (c'est-à-dire cette omission).

Le juge d'appel peut également accorder l'exécution provisoire en cas de refus par les premiers juges.

Quels sont les cas où le juge ne peut pas ordonner l'exécution provisoire ?

Une lecture du code de procédure civile commerciale et sociale nous permet de comprendre que le juge ne peut pas ordonner l'exécution provisoire dans tous les cas.

L'article 531 CPCCS dispose *« hors les cas où elle est de droit, l'exécution provisoire peut être ordonnée, à la demande des parties ou d'office, chaque fois que le juge l'estime nécessaire et compatible avec la nature de l'affaire, à condition qu'elle ne soit pas interdite par la loi .... »*

Nous allons nous contenter de présenter les principales interdictions car il est difficile de donner une énumération exhaustive, les cas d'interdictions étant disséminés dans les divers codes et lois diverses.

L'illustration la plus caractéristique est celle de la condamnation aux dépens qui figure parmi les cas d'exécution provisoire interdite. Ce que l'on retrouve dans l'article 531 in fine *« en aucun cas, elle ne peut l'être pour les dépens ».*

Chaque fois que le juge prononce une décision sur le fond de l'affaire ou en référé il a l'obligation de statuer sur les dépens, sur les frais de la procédure. Le procès a un coût dont l'avance des frais est payée au départ par celui qui réclame quelque chose. Le plus connu de ces frais est la consignation, l'argent payé au greffe pour voir démarrer la procédure. A la fin du procès le juge doit dire en définitive qui doit payer les frais de procédure déjà engagés. C'est généralement celui qui succombe qui est condamné à payer les dépens.

Tous les frais normaux de procédure sont pris en compte : frais de citation des huissiers, frais d'expertise, de constat, même les frais de voyage justifiés que le procès a fait subir au plaideur qui gagne peuvent constituer les dépens.

Il faut préciser cependant que les honoraires d'avocats ne sont pas pris en compte dans le calcul des dépens.

En aucun cas l'exécution provisoire ne peut être ordonnée pour les dépens.

A côté de ces cas où l'exécution provisoire est interdite, il y a des cas où l'exécution provisoire est incompatible avec la nature de l'affaire.

a) Le premier cas est celui où l'exécution provisoire est susceptible d'engendrer un dommage irrémédiable ou une solution irréversible.

Le juge ne doit jamais perdre de vue que l'exécution provisoire est donnée pour une décision qui est loin d'être définitive. Une telle décision est toujours susceptible d'être reformée par les instances, les juridictions supérieures. Le risque du dommage irrémédiable doit être apprécié in-abstracto c'est-à-dire en considération de la seule nature de l'affaire indépendamment des circonstances de fait de chaque espèce. Imaginons le cas, où le juge ordonne la démolition d'un immeuble en ordonnant en même temps l'exécution provisoire alors que la propriété de ce immeuble n'est pas établie de façon définitive en faveur de la personne qui bénéficie de l'exécution provisoire.

b) Le second cas est relatif à l'état des personnes :

A cet égard, il ne fait aucun doute que l'exécution provisoire d'une décision tranchant une question d'état, tel un jugement de divorce, de séparation de corps, de l'établissement d'une paternité ou d'une filiation est incompatible avec la nature de telles affaires.

Le juge ne pourra jamais prononcer le divorce par provision, c'est-à-dire prononcer le divorce avec exécution provisoire. La loi a décidé que l'appel et même le pourvoi sont suspensifs en matière de divorce.

Cependant aux praticiens du droit se pose souvent la question des mesures accessoires. Cette question a toujours été réglée par la jurisprudence c'est-à-dire la pratique des juridictions de manière sélective. La jurisprudence a toujours adopté une position nuancée consistant à admettre l'exécution provisoire pour les mesures dites accessoires. Elle ne s'est jamais prononcée pour un critère unique de qualification. Par exemple en matière de divorce la jurisprudence applique le critère **des mesures détachables du fond**. C'est à ce titre qu'elle admet l'exécution provisoire des mesures relatives aux enfants (exercice de l'autorité parentale, garde, pension alimentaire) indépendante de la décision sur le fond du litige.

En matière de filiation la jurisprudence admet l'exécution provisoire de la condamnation au paiement d'une pension alimentaire prononcée contre celui que le jugement déclare père naturel.

Nous regrettons que le sujet soit traité un peu trop techniquement ce qui n'est pas, en vérité la vocation de cet ouvrage. L'on ne saurait s'y prendre autrement car l'exécution provisoire reste généralement la chose des techniciens du droit.

Cette étude n'est pas exhaustive, elle est simplement indicative pour nous permettre d'appréhender cet instrument procédural qui doit être appliqué avec beaucoup de discernement.

Nous devons toujours nous rappeler que le droit est la recherche d'un équilibre.

2 - l'exécution forcée : les saisies en matière Civile et Commerciale.

Les saisies constituent un vaste domaine du droit qui peut devenir souvent très complexe même pour les initiés. Il est cependant intéressant pour les justiciables d'en avoir une connaissance, même rudimentaire.

Depuis 1998 la matière des saisies est organisée par les textes de l'OHADA (Organisation pour l'Harmonisation en Afrique du Droit des Affaires), organisation mise en place à Port Louis le 17 Octobre 1993). Il s'agit de l'Acte Uniforme portant Organisation des Procédures Simplifiées de Recouvrement et des Voies d'Exécution.

L'article 28 dispose que : *« A défaut d'exécution volontaire, tout créancier peut, quelque soit la nature de sa créance, dans les conditions prévues par le présent acte uniforme, contraindre son débiteur défaillant à exécuter ses obligations à son égard ou pratiquer une mesure conservatoire pour assurer la sauvegarde de ses droits... »*

Cet article pose le principe de la saisie des biens du débiteur au profit du créancier.

Nous pouvons présenter un schéma simple qui est le suivant :

Aly doit de l'argent à Oumar, au terme de la loi Oumar est le créancier et Aly le débiteur.

Premier cas de figure : Aly paye volontairement à Oumar sans l'intervention d'aucune autorité, ou dit qu'il y a exécution volontaire.

Deuxième cas de figure : Aly néglige de payer sa dette, soit de mauvaise foi soit pour difficultés économiques, Oumar peut faire saisir les biens de Aly par un huissier commissaire de justice et se faire payer sur le prix. On dit qu'il y a exécution forcée.

La loi a mis à la disposition de Oumar un chemin pour se faire payer. C'est la procédure des Voies d'Exécutions.

L'article 31dispose que *« L'exécution forcée n'est ouverte qu'au créancier justifiant d'une créance certaine, liquide et exigible... »*

L'exécution forcée étant toujours soumise au contrôle du juge, ce dernier saura apprécier la nature de la créance.

Les huissiers commissaires de justice étant des agents d'exécution par excellence, il est toujours conseillé au créancier de les approcher et de faire recours à leur service.

En matière d'exécution forcée la loi a mis certaines limites parmi lesquelles il faut citer notamment :

1) Il n'y a pas d'exécution forcée contre l'Etat et contre les Collectivités publiques. Cela résulte de l'article 220 du Code des Obligations du Mali. L'Etat est présumé toujours solvable. Il n'y a pas non plus d'exécution forcée contre les personnes bénéficiant de l'immunité diplomatique.

2) Un créancier ne peut jamais saisir lui-même les biens de son débiteur. Il doit toujours avoir une autorisation du Président du Tribunal. Cette autorisation pouvant être obtenue sans jugement, par simple demande (requête) appuyée des justifications de la créance (Bon pour, Reconnaissance de dette et autres titres exécutoires).

3) Tous les biens saisis restent entre les mains du débiteur qui en est constitué gardien. L'huissier ne saurait saisir un bien et enlever le dit bien, le débiteur en constitue gardien jusqu'à ce qu'il soit décidé autrement par le juge. Par le fait de la saisie, le bien devient indisponible et inaliénable. Le débiteur doit être en mesure de représenter le bien à tout moment au risque d'être poursuivie pénalement pour détournement de biens saisis.

4) Le créancier peut saisir entre les mains d'un tiers un bien appartenant à son débiteur. L'exemple le plus courant est la saisie des comptes bancaires qui permet de geler le compte jusqu'à décision de main vidange au profit du créancier.

5) Entre la saisie des biens et la vente une période au moins de 8 jours est accordée au débiteur pour payer et voir levée la mesure de saisie, évitant par ce fait la vente du bien saisi.

6) Les frais d'exécution sont toujours à la charge du débiteur et seront ajoutés au principal de la créance. Si c'est le créancier qui a fait l'avance des frais ; ils seront taxés par le Président du Tribunal et présentés au débiteur pour paiement.

7) Lorsque le débiteur aura, de mauvaise foi organisé son insolvabilité et que l'on ne trouve rien à saisir, la loi ouvre la voie de la contrainte par corps, procédure qui permet au créancier d'envoyer son débiteur en prison pour une période déterminée.

La vente amiable

L'article 15 Acte Uniforme OHADA relatif au recouvrement simplifié des créances et voies d'exécution, précise que le débiteur contre lequel est poursuivie une mesure d'exécution forcée peut vendre volontairement les biens saisis pour en affecter le prix au paiement des créanciers. Il dispose d'un délai d'un mois à compter de la notification du procès-verbal de saisie. Pour bénéficier de cette faveur il doit se soumettre aux conditions spécifiées par la loi.

A défaut de remplir ces conditions, il sera procédé à la vente forcée.

S'il s'agit d'un bien meuble (par opposition au bien immeuble) la vente se fera aux enchères publiques par l'huissier commissaire.

Si le bien saisi est un immeuble objet d'un titre foncier la vente se fait à la barre du tribunal, on parle de « vente des criées ».

Au Mali le permis d'occuper conférant un simple droit meuble à son titulaire ; la vente d'une maison objet de permis d'occuper se fera aux enchères publiques comme un vulgaire objet sans valeur. Au contraire s'il s'agit d'une maison ou d'un espace objet de titre foncier la vente se fera en audience des criés au Tribunal.

Cet exposé n'a pas la prétention de traiter entièrement « Des Saisies » (Exécution forcée des jugements et actes), Il nous permet d'avoir une idée de la matière qui reste de la compétence des professionnels du droit, notamment les Huissiers commissaires de Justice.

3 - La contrainte par corps

Nous avons écrit dans le précédent exposé, que lorsque le débiteur aura organisé son insolvabilité et sera convaincu de mauvaise foi dans l'exécution de ses obligations, le créancier peut avoir recours à la contrainte par corps.

Historiquement, en Europe la contrainte par corps s'est manifestée par la possibilité pour le créancier de faire incarcérer son débiteur dans un lieu privé, il pouvait même disposer de sa vie. Il pouvait le faire travailler jusqu'à paiement intégral de la dette.

A partir du 22 Juillet 1878 un texte intervient en France pour légiférer.

Cette loi a exclu du champ d'application de la contrainte par corps les créances civiles et commerciales. Seules les créances de l'Etat pouvaient donner droit à contrainte par corps. Un Décret de1915 a rendu applicable cette loi en Afrique Occidentale Française (AOF) pour les citoyens Français.

A l'indépendance, notre code de procédure civile s'inspirera fortement de cette loi, mais étendra la contrainte par corps à l'exécution des condamnations pénales, des condamnations civiles et commerciales.

Le Décret N°99-254 :P.R.M du 15 /9 /99 portant nouveau code de procédure Civile, Commerciale, et Sociale du Mali, traite dans les articles 725 à 730 de la contrainte par corps.

La contrainte par corps est un mode de contrainte judiciaire contre les débiteurs récalcitrants et de mauvaise foi.

Elle se revèle comme une sanction civile qui permet au créancier de faire incarcérer son débiteur pour une période définie.

La contrainte par corps se caractérise par un certain nombre d'éléments qui ressortent à la lecture de l'article 725 du code de procédure civile, commerciale et sociale :

1-) La contrainte par corps a pour but d'obliger le débiteur négligeant ou de mauvaise foi, à s'acquitter d'une dette non contestée et reconnue par un jugement ou un titre authentique tous revêtus de la formule exécutoire.

2-) La contrainte par corps est un moyen de coercition et non d'extinction de la dette. Ce qui explique que tant que la créance n'a pas été réglée, le créancier peut y recourir autant de foi qu'il le désire. Il lui suffira de prouver que le débiteur est négligeant ou de mauvaise foi.

3-) La contrainte par corps doit intervenir seulement après que le créancier a épuisé toutes les voies ordinaires d'exécution. Lorsque l'huissier commissaire constate qu'il n'a rien à saisir pour régler la dette, il dresse un procès-verbal de carence.

En dépit de ce procès-verbal le Président du Tribunal doit s'assurer que toutes les conditions sont réunies avant d'ordonner la contrainte par corps.

4-) L'utilisation de la procédure de contrainte par corps ne fait pas obstacle à la saisie des biens du débiteur, lorsque l'existence de ces biens sera révélée ultérieurement.

C'est la partie qui a intérêt, généralement le créancier, qui met en mouvement l'action en contrainte par corps par une simple requête adressée au Président du Tribunal.

Par détermination de la loi, le juge compétent est celui des référés (procédures rapides). Ainsi le demandeur adressera sa requête au Président, Juge des Référés.

Le dossier de la procédure est obligatoirement communiqué au Ministère public qui est en la matière considéré comme Partie Jointe. A ce titre il fera toutes conclusions qu'il lui appartiendra. Le Ministère Public ne peut de sa propre initiative requérir contrainte par corps.

Le juge des référés ne peut jamais intervenir pour contredire une ordonnance de contrainte par corps. Il peut simplement intervenir en interprétation, par exemple pour préciser la durée d'incarcération.

La durée de la contrainte par corps est proportionnelle au montant de la créance :

5 Deux à Dix jours pour dette comprise entre 100.000 et 500.000 F.

6 Onze à Vingt jours pour dette comprise entre 500.001 et 1.000.000 F.

7 Vingt à quatre-vingt-dix jours pour dette supérieure à 1.000.000F.

Le juge peut moduler ces durées à la baisse selon le cas.

La loi a fixé des limites à l'application de la contrainte par corps qui sont :

La contrainte par corps ne peut être exercée

1 contre les individus âgés de moins de 18 ans,

2 contre les personnes âgées de plus de 60 ans,

3 contre les femmes enceintes et celles allaitant un enfant de moins de 3ans,

4 contre les personnes atteintes d'infirmité,

5 lorsque la mesure présentera un caractère inhumain.

Lorsque le débiteur est incarcéré seule le paiement de la créance peut mettre fin à cette incarcération.

La jurisprudence a admis que la renonciation à la dette par le créancier peut provoquer l'élargissement du contraignable.

Les décisions de contrainte par corps étant toujours ordonnées par le juge des référés, elles sont d'exécution immédiate, on dit qu'elles s'exécutent par provision. En claire même si le débiteur fait appel il sera incarcéré.

La procédure de contrainte par corps reste à la disposition des trésoriers payeurs et percepteurs du trésor pour le recouvrement des créances de l'Etat ainsi que les amendes et frais de justice en cas de condamnations pénales.

En cette période où l'esprit civique n'est que théorie, il est temps pour le trésor de faire recours à ce moyen qui a révélé son efficacité.

IV

LE DIVORCE EN DROIT MALIEN

Nous avons, en raison de la forte demande accepté de traiter ce sujet, même si certaines sollicitations nous sont apparues comme « des conseils prêts à l'usage ».

Le divorce qui atteint l'unité de base de notre société - la famille – devient de plus en plus la procédure la plus usitée dans nos juridictions.

Mais avant d'aborder le divorce il sera convenable de donner quelques informations sur ce qu'est au Mali le mariage, le divorce, étant considéré comme l'échec du mariage, de la vie en couple.

1 - Le mariage en droit Malien

Le livre II de la loi N°2011-087 du Décembre 2011 portant code des personnes et de la famille traite du mariage.

Au Mali la loi définit (article 280) le mariage comme « un acte public par lequel un homme et une femme, consentent d'établir entre eux une union légale dont les conditions de formation, les effets et la dissolution sont régis par la loi ».

Le mariage devient l'union d'un homme et d'une femme. Cette conception du mariage est reprise par le législateur à l'article 289 in fine où le mariage est prohibé entre les personnes du même sexe.

Si le mariage est un acte libre et consensuel entre un homme et une femme, la loi a prohibé un certain nombre de mariage. Ainsi l'article 289 dispose que le mariage est prohibé entre :

1. le fils et la mère,
2. le frère et la sœur,
3. le père et la fille,
4. l'oncle et la nièce en ligne directe et au 1er degré,
5. le neveu et la tante paternelle ou maternelle,
6. l'homme et la femme qui l'a allaité,
7. l'homme et les tantes paternelles ou maternelles de sa nourrice,

8. l'homme et les enfants de la fille de sa nourrice,
9. l'homme et la mère de sa femme,
10. l'homme et l'ancienne épouse de son fils,
11. l'homme et l'ancienne épouse de son père,
12. l'homme et la fille de son épouse née d'un autre mariage,
13. l'homme et la sœur de son épouse vivante,
14. l'homme et la nièce de son épouse,
15. les personnes du même sexe.

La loi dispose que toute personne ayant connaissance de la célébration prochaine d'un mariage prohibé doit informer sans délai l'officier de l'état civil ou le ministre du culte qui doit à son tour rendre compte au Ministère Public (le Procureur) qui prendra les dispositions légales pour arrêter le processus ou si le mariage est déjà célébré en violation de l'article 289 le juge civil sera saisi pour annuler le mariage, sans préjudice des poursuites pénales contre les auteurs et complices.

Depuis la loi de 2011 le mariage est célébré publiquement devant l'officier de l'état civil (généralement le maire) ou devant le ministre du culte (généralement l'imam).

Le mariage célébré devant le ministre du culte demeure désormais suffisant, sous réserve du respect des conditions de fond du mariage et des prohibitions édictées par la loi. Le mariage célébré par le ministre du culte, l'imam sera constaté par un imprimé - type déposé à la mosquée et devant comporter :

- les sceaux de l'Etat,
- les signes du ministre du culte,
- les énonciations prévues à l'article 306 c'est-à-dire les noms, prénoms, âge, profession, domicile, ou résidence des époux, toutes les indications sur la filiation des époux, l'identité et toutes les indications sur les témoins du mariage ; le consentement des époux librement exprimé, l'option matrimoniale, le paiement de la dot, le lieu de la célébration, l'identité du ministre du culte qui a célébré le mariage ;

La loi précise que la mention de la célébration de ce mariage est faite en marge de l'acte de naissance des époux et sur le registre de l'état civil tenu à la mairie ou auprès du chef de la circonscription administrative.

Dans la pratique et tel qu'indiqué par la loi le ministre du culte après la célébration du mariage établi 4 (quatre) originaux de l'imprimé – type.

- le premier original dûment rempli et signé est remis aux époux ;
- le deuxième est transmis à l'officier de l'état civil dans un délai de 15 jours ;
- le troisième est envoyé au tribunal pour être classé au greffe de la juridiction ;
- le quatrième est conservé dans les archives du lieu du culte (la mosquée).

Nul ne peut se prévaloir du titre d'époux et des effets du mariage s'il ne peut présenter un acte de mariage conforme à la loi.

De 1962 à 2011 date du nouveau code des personnes et de la famille, les juridictions ont toujours prononcé ce qu'on a appelé le « divorce sanction » c'est-à-dire le divorce fondé sur la faute prouvée.

A partir de 2011 les juridictions ont été autorisées par la loi a statuer sur les affaires de divorce sur trois fondements : le divorce par consentement mutuel, le divorce pour rupture de la vie commune et le divorce pour faute.

Article 325 de la loi N°2011-087 du 30 Décembre 2011 portant code des personnes et de la famille « le divorce peut être prononcé soit par consentement mutuel, soit pour rupture de la vie commune, soit pour faute ».

2 - Le divorce par consentement mutuel.

Le mariage étant un acte volontaire, il a été accepté par le législateur de 2011 que les époux pouvaient se mettre d'accord pour les raisons qui leurs sont personnelles pour mettre fin à leur union.

Ils peuvent présenter une demande conjointe au juge sans être obligés de faire connaître les causes de la rupture conjugale.

A leur liberté la loi a cependant mis des limites :

1- Aucune demande de divorce par consentement mutuel ne peut être présentée par les époux dans les 6 premiers mois du mariage ;

2- Le consentement des époux de se séparer doit émaner d'une volonté libre et exempte de vice, de pressions extérieures ;

3- L'un ou l'autres des époux ne doit pas se trouver placer sous l'un des régimes de protection des incapables. Tous les deux époux doivent être sains d'esprit.

La demande de divorce par consentement mutuel doit être présentée par écrit au tribunal civil du domicile commun ou de celui de l'un des époux. Cette demande peut être présentée soit par les époux eux-mêmes, soit par leur avocat.

Les parties doivent joindre à la requête un projet de convention portant sur les effets du divorce (garde des enfants, allocation de pensions alimentaires, sort des biens s'il y a lieu ; autres...).

Ce projet est soumis à l'approbation du juge civil en vue de son homologation.

Il apparaît à la lecture de l'article 329 du code des personnes et de la famille que les décisions rendues en matière de divorce par consentement mutuel ne sont susceptibles d'aucun recours, alors que l'article 344 du même code dispose que « le jugement de divorce par consentement mutuel est rendu en dernier ressort ». C'est-à-dire susceptible de pourvoi en cassation devant la Cour Suprême.

3 - Le divorce pour rupture de la vie commune.

Ce mode vient sanctionner une pratique qui a cours dans notre société. Celle de certains de nos compatriotes qui pour des raisons économiques ou pour d'autres raisons abandonnent foyer et femme pour s'installer dans d'autres pays. Il vient également sanctionner le départ prolongé sans motif légitime d'une épouse du domicile conjugal.

La loi dispose qu'un époux ou une épouse peut demander le divorce, en raison d'une rupture prolongée de la vie commune lorsqu'ils vivent séparés de fait, depuis 3 ans ou en cas d'impossibilité de l'un à satisfaire à ses obligations conjugales.

Le divorce peut intervenir également lorsque depuis 3 ans en raison de graves altérations des facultés mentales de l'un des époux aucune communauté de vie n'est possible.

Le juge saisi apprécie souverainement les éléments présentés par le demandeur au divorce. Il peut rejeter la demande pour divers motifs. Par exemple si l'autre époux établit que le divorce aurait pour lui, compte tenu de son âge, de la durée du mariage, du préjudice pour les enfants, des conséquences matérielles et morales d'une exceptionnelle dureté.

En réalité, le divorce pour rupture de la vie conjugale n'est pas loin du divorce pour faute. Dans l'un ou dans l'autre le demandeur au divorce présente des griefs contre son conjoint, dont il doit apporter la preuve pour le succès de son action.

4 - Le divorce pour faute.

L'article 352 qui parle des causes du divorce pour faute les repartit en deux groupes :

1- les causes communes aux deux époux c'est-à-dire qui peuvent être invoquées et par le mari et par la femme ;

2- les causes exclusivement réservées à la femme.

4-1 Les causes communes aux deux époux :

Le divorce peut être demandé par l'un des époux pour des faits imputables à l'autre époux lorsque ces faits constituent une violation grave ou renouvelée des devoirs et obligations du mariage, rendant impossible le maintien de la vie commune ;

Au Mali ces causes sont :

1) L'adultère du conjoint, adultère prouvé par tous moyens (par exemple constat d'huissier, naissance d'enfant adultérin ou concubinage notoire) ;

2) Les excès, sévices et injures graves rendant impossible la vie conjugale.

Ce sont par exemple les violences physiques ou morales, ou tous autres comportements contraires à la morale ou à l'éthique du mariage (du latin injuria)

3) La condamnation de l'un des époux à une peine afflictive et infamante. Il s'agit du cas où le mari ou la femme a fait l'objet de condamnations criminelles telles que peine de mort, peine de réclusion criminelle à temps (5 à 20ans) ou à perpétuité.

Il suffit que l'époux qui demande le divorce produise l'arrêt de condamnation pour obtenir le divorce.

4) L'alcoolisme invétéré. Lorsque l'un des époux se trouve dans un état permanent d'ébriété. Les juridictions y assimilent l'état de consommation de drogue ou de substances vénéneuses.

5) L'impossibilité par le conjoint de satisfaire à ses obligations conjugales. Il s'agit dans la pratique de faits avérés d'impuissance du mari ou de frigidité de la femme. En cas de contestation le juge peut ordonner toute expertise pour établir le bien-fondé de la déficience invoquée.

4-2 Les causes spécifiques à la femme.

La loi précise que la femme peut invoquer les causes propres à elle seule pour demander le divorce, ces causes représentent certainement la contrepartie de multiples obligations de l'épouse et des droits dont le mari a été gratifié par le code. Ce sont entre autres des droits tels : la femme doit obéissance au mari, le mari est le chef de famille, le mari choisit le lieu de résidence et la femme est tenue de le suivre, etc.

Ainsi l'épouse dit l'article 352 dernier alinéa peut demander le divorce lorsque le mari refuse de subvenir à ses besoins essentiels : nourriture, habillement, logement, soins médicaux ;

Il s'agira pour la femme de prouver les faits qu'elle allègue contre son mari.

En tout état de cause, que ce soient les griefs évoquées par le mari ou par la femme, les juges apprécient souverainement les faits et des circonstances de la cause comme cela résulte de l'Arrêt N°24 du 17 Décembre 1973 de la Cour Suprême du Mali qui statue : « Attendu que l'appréciation de la gravité de l'injure et des circonstances rendant impossibles le maintien de la vie conjugale relève de l'appréciation souveraine des juges du fond ».

L'arrêt N° 13 du 28 Juin 1976 de la haute juridiction a déclaré que « Ne constitue pas une injure grave imputable au mari des propos outrageants proférés à l'encontre de l'épouse par sa belle-mère »

Nous avons fait référence à ces exemples pour dire que les choses ne sont pas aussi simples comme certains peuvent le penser à la simple lecture du code des personnes et de la famille.

Les juges apprécieront les faits selon les circonstances de la cause. Ils tenteront toujours chaque fois que cela est possible de sauver la famille dont la dislocation présente toujours des conséquences graves pour les enfants issus du mariage et pour la stabilité de notre société.

5 - La procédure de divorce - la marche du procès -

La procédure de divorce est introduite par une requête introductive d'instance, prosaïquement appelée « la demande en divorce ». Cette demande timbrée à 100F est adressée au Président du Tribunal compétent.

En matière de divorce dit l'article 25 du code de procédure civile, commerciale et sociale, le tribunal compétent est celui du dernier domicile commun des époux.

Cette règle de compétence étant d'ordre privé, les époux peuvent y déroger (cf. arrêt n°02 du 9 mars 1970 Cour Suprême du Mali). Cependant, lorsque la violation de cette règle est soulevée, lorsque le dernier domicile commun se trouve être autre que le lieu où le tribunal est saisi et qu'une partie l'invoque, le juge chargé d'examiner l'affaire ne peut passer outre. Il doit se déclarer territorialement incompétent et renvoyer l'affaire devant le juge du dernier domicile commun.

Lorsque l'incompétence est soulevée dès la phase de tentative de conciliation, une simple ordonnance de dessaisissement suffit.

Au contraire, si elle a été soulevée à l'instance au fond le juge statue par un jugement avant dire droit appelé ADD.

Le code de procédure civile, commerciale et sociale réglant les compétences dit que « lorsqu'un magistrat ou un auxiliaire de justice (notaire, avocat, huissier de justice, greffier...) est parti à un litige qui relève de la compétence d'une juridiction dans le ressort de laquelle celui-ci exerce ses fonctions, le demandeur saisit le Président de la Cour d'Appel qui désigne par ordonnance le tribunal compétent ».

De façon générale, la requête en divorce précisera l'adresse du demandeur et celle du défendeur (la personne contre laquelle la demande est adressée). Elle précisera sommairement les motifs pour lesquels le divorce est demandé.

Le Président du Tribunal au vu de la demande, autorise par une ordonnance de consignation le demandeur à payer au greffe du tribunal une consignation de 10.000F (dix mille francs) pour couvrir les frais de procédure. Le greffier en chef qui reçoit paiement a l'obligation d'en délivrer bonne et valable quittance.

Il est délivré ensuite au demandeur un permis de citer. Le premier permis de citer qui sera remis à un huissier commissaire de justice à la diligence du demandeur permet de fixer la date de la tentative de conciliation d'une part et d'autre part d'informer l'autre époux (le défendeur) de la procédure ouverte contre lui.

La tentative de conciliation en matière de divorce est obligatoire sauf pour les demandes de divorce par consentement mutuel, elle est faite :

- soit par le chef de circonscription administrative qui peut être destinataire de la demande en divorce (généralement les sous-préfets anciennement chef d'arrondissement),

- soit par le juge chargé des affaires matrimoniales (Président du Tribunal, juges au siège, juge de paix à compétence étendue).

Le procès n'étant pas lié à cette phase de la procédure, la pratique des juridictions au Mali est de ne pas admettre la présence des conseils (avocats) des parties à ce stade de la conciliation.

Les débats se tiennent en chambre du conseil, c'est-à-dire sans la présence du public.

Lorsque le juge ou le chef de circonscription administrative parvient à concilier les époux, il dresse un procès-verbal de conciliation. Ce PV qui constate la conciliation des parties est signé par les époux et le conciliateur. Il met fin à l'instance en divorce.

Il faut cependant préciser que cette conciliation ne peut remettre en cause le droit pour l'un quelconque des époux d'ester de nouveau en justice par une nouvelle demande, pour des faits survenus depuis la conciliation.

Par contre, en cas d'échec de la tentative de conciliation, le juge conciliateur dresse un PV de non-conciliation qui autorisera le demandeur à poursuivre son action.

Lorsqu'il sera constaté l'échec de la tentative de conciliation, le Président du Tribunal fixe une date pour le jugement proprement dit de l'affaire. Les parties en cause peuvent se faire assister de leurs avocats.

La constitution d'avocat n'est pas obligatoire mais elle est toujours souhaitable.

Un permis de citer est à nouveau délivré. Il permet d'informer l'autre partie de la date du procès, de l'instance au fond.

L'audience se tient en chambre du conseil c'est-à-dire que les débats ne sont jamais publics.

Dans la pratique, les débats ont lieu généralement dans le bureau du juge ou dans une salle d'audience où seulement le juge, son greffier et les époux seront présents.

Cela pour préserver le secret d'une vie commune partagée entre époux ; c'est souvent les secrets de famille que l'on protège.

Les deux parties présenteront leurs arguments et leurs moyens de défense qui seront souverainement appréciés par le juge.

Des témoins peuvent être cités à comparaître soit à la demande des époux soit à la diligence du juge. En cette matière tout le monde peut témoigner à l'exclusion des enfants des époux.

La procédure de divorce ne commence réellement qu'après l'échec de la tentative de conciliation, cette tentative de conciliation n'est pas considérée comme une phase judiciaire, ce qui explique que les chefs des circonscriptions administratives, peuvent y procéder.

A cette phase les parties c'est-à-dire les époux ne peuvent être ni assistés ni représentés par des avocats ; ces derniers ne peuvent intervenir qu'après l'échec de la conciliation. Les avocats chargés de défendre leur client, l'un des époux, ne sont pas nécessairement et toujours dans la logique de la conciliation.

Lorsque le juge conciliateur aura constaté l'échec de la tentative de conciliation il en dresse procès-verbal. Le demandeur sera invité à continuer sa procédure.

Les parties seront citées à comparaître devant le Président du Tribunal.

Les débats en la matière se passent toujours en chambre du conseil, généralement dans le bureau du juge. Les débats dans tous les cas ne sont jamais publics. Les époux peuvent personnellement comparaître et se faire assister d'un avocat. Ils peuvent aussi s'abstenir de se présenter personnellement à l'audience et se faire représenter par l'avocat de son choix.

Par expérience nous conseillons aux époux de faire l'effort nécessaire pour se présenter devant le Tribunal, cela permettra au demandeur de soutenir sa demande et d'apporter la preuve de ses allégations, le défendeur pourrait quant à lui réfuter les griefs développés par l'autre partie et éventuellement se porter demandeur reconventionnel.

Les tiers et les avocats ont toujours une faible connaissance de la vie du couple c'est pourquoi il est toujours souhaitable que les époux comparaissent. Le juge pour se faire une meilleure opinion des faits peut exiger la comparution personnelle des époux.

Le schéma classique du procès est que le demandeur attaque et le défendeur se défend. Cependant lorsqu'intervient la demande reconventionnelle, ce schéma est inversé. Par exemple Fanta reproche à son mari Brema d'être violent et de refuser de subvenir à ses besoins indispensables (nourritures, habillement, logement). Elle demande que le divorce soit prononcé aux torts exclusifs de son époux pour ces motifs. Cette demande est appelée « demande principale ».

Bréma qui est cité à comparaître devant le juge doit se défendre contre ces griefs. Bréma peut avoir deux attitudes :

-Premièrement, il se défend simplement en cherchant à prouver que ce que Fanta dit n'est pas la vérité, qu'il n'exerce sur elle aucune violence et qu'il s'occupe de son entretien.

Si les arguments de Bréma triomphent des allégations de Fanta celle-ci verra sa demande déclarée non fondée et elle sera déboutée de son action, c'est-à-dire qu'elle n'obtiendra pas le divorce.

- Deuxièmement : Bréma ne veut pas simplement se défendre mais veut aussi attaquer ; pour se faire, il doit se porter demandeur reconventionnel en divorce, c'est à dire qu'il doit demander lui aussi que le divorce soit prononcé contre son épouse Fanta à qui il reproche d'être une femme légère et irrévérencieuse, abandonnant constamment sans motif sérieux le domicile conjugal.

L'article 58 du code de procédure civil commercial et social (CPCCS) définit la demande reconventionnelle en ces termes :

« Constitue une demande reconventionnelle la demande par laquelle le défendeur originaire prétend obtenir un avantage autre que le simple rejet de la prétention de son adversaire, »

Considérée comme demande incidence, le plaideur n'a pas à former par écrit cette demande, il doit l'évoquer expressément et clairement au juge chargé d'examiner l'affaire. Cette demande sera actée par le greffier dans son registre (le plumitif d'audience) ainsi que tous les griefs et moyens qui la soutiennent.

Le Tribunal examinera la demande reconventionnelle au même titre que la demande initiale.

Si les deux demandes sont fondées et les griefs prouvés, le divorce sera prononcé aux torts réciproques des deux époux (Fanta et Bréma).

Au contraire si la demande principale n'est pas fondée et que les faits évoqués dans la demande reconventionnelle sont suffisamment prouvés, le divorce sera prononcé aux torts exclusifs de Fanta demanderesse initiale.

Devant le juge les parties au procès doivent être capables d'apporter la preuve des faits qu'elles invoquent.

6 - Procédure de divorce et mode d'administration de la preuve

Comme dans toutes les matières, celui qui allègue un fait doit en apporter la preuve. Ce principe est indiqué par l'article 9 du code de procédure civile commerciale et sociale qui stipule « il incombe à chaque partie de prouver conformément à la loi les faits nécessaires au succès de sa prétention ». La preuve est libre.

Le juge en cette matière est simplement un arbitre, il apprécie une affaire en se fondant sur les preuves apportées par les parties.

Il ne juge pas selon son intime conviction comme cela se passe en matière pénale. Même s'il a une connaissance personnelle des faits il lui est interdit de les invoquer ou d'en tenir compte tant que les autres parties eux-mêmes ne l'ont pas évoqué.

L'article 7 CPCCS dit que « le juge ne peut fonder sa décision sur des faits qui ne sont pas dans le débat… »

En matière de divorce la preuve la plus utilisée est le témoignage.

Le témoignage est la relation sous la foi du serment, par une personne qui n'est pas partie au procès, d'un fait dont elle a une connaissance personnelle.

Si aux termes de la loi les parents jusqu'au degré d'oncle et au neveu ne peuvent témoigner, cette règle trouve une exception dans la procédure de divorce, cela certainement en raison du fait que c'est seule dans l'environnement familiale du couple que les faits allégués peuvent être vérifiés.

Ainsi le code stipule « l'instance en divorce est instruite en la forme ordinaire .Toutefois les parents des conjoints à l'exception des descendants, peuvent être entendus comme témoins » ». Ainsi seuls les enfants du couple ne peuvent être entendus. Tous les autres parents sans exception peuvent l'être, qu'ils soient parents par le sang ou parents par alliance c'est à dire par le fait du mariage.

Certes dans nos sociétés les personnes s'abstiennent d'apporter leur témoignage, surtout en cette matière ou souvent le témoin pense avoir participé par le seul fait de son témoignage à la dissolution du mariage.

Il faut savoir que le fait de relater les faits dont on a eu connaissance est une obligation civique et même juridique. Le refus de témoigner peut être sanctionné au même titre que le faux témoignage.

En plus de la preuve testimoniale, il peut exister les preuves écrites :(exemple lettre missives échangées entre l'un des époux et son amant, production d'acte de naissance prouvant la naissance d'un enfant adultérin, Constat d'adultère fait par un huissier, Certificat d'un médecin attestant de l'impuissance de l'époux ou l'état d'alcoolisme invétéré.

Il est dit que lorsque le divorce sera demandé pour la raison que l'un des époux est condamné à une peine afflictive et infamante, les seules formalités à observer consisteront à produire à l'appui de la requête, une expédition (une copie) en bonne et due forme de la décision portant condamnation avec un certificat du greffier constatant qu'il n'y a plus de recours, certificat visé par le Procureur de la République ou le Procureur Général.

A toutes ces preuves, il faudra ajouter l'aveu. En la matière, la reconnaissance par le défendeur des griefs évoqués par le demandeur constitue un aveu. Le juge doit cependant veiller à ce n'y ait pas fraude à la loi.

En tout état de cause le juge doit rester l'arbitre impartial et les époux les seuls acteurs du procès en divorce.

Une bonne administration de la preuve devient pour le Juge le meilleur moyen, de motiver la décision qu'il sera amené à rendre.

7 - Les effets du divorce

La loi désigne sous le vocable effets du divorce, non seulement les diverses mesures prononcées par le juge au moment où il prononce le divorce mais également les conséquences liées à la dissolution judiciaire du mariage.

La décision qui prononce le divorce dissout le mariage à la date à laquelle la décision devient définitive après l'épuisement de tous les recours. On dit que le jugement a atteint force de chose jugée. Les époux sont libérés de leurs obligations.

A- Le juge en même temps qu'il statue sur le divorce doit se prononcer sur les mesures suivantes :

1. La garde des enfants
2. La pension alimentaire pour l'entretien des enfants mineurs ;
3. Les demandes de restitution ;
4. Les demandes de dommages intérêts
5. La demande de pension alimentaire au profit de l'époux qui aura obtenu le divorce.

Le divorce met fin à la communauté de biens dont la liquidation pourra intervenir dans une instance en liquidation de communauté entre époux.

S'agissant de la garde des enfants il faut préciser que cette mesure ne concerne que les enfants mineurs issus du mariage, c'est-à-dire ceux âgés de moins de 18 ans (majorité civile au Mali).

Cette garde est toujours provisoire, c'est-à-dire que jusqu'à sa majorité le juge a toujours la possibilité de retirer la garde à un parent pour la confier à un autre s'il est prouvé que l'entretien et/ou l'éducation de l'enfant n'est pas convenablement assuré.

Le fait de confier la garde de tel enfant au père, de tel autre à la mère ou de confier tous les enfants au père, à la mère ou soit même souvent à une tierce personne, relève de l'appréciation souveraine du juge.

L'objectif qu'il doit rechercher doit être au terme de l'article 369 du code des personnes et de la famille « le plus grand avantage de l'enfant ».

Le juge doit si cela est nécessaire ordonné une enquête sociale qui sera confiée aux services techniques des affaires sociales.

Un mauvais mari n'étant pas nécessairement un mauvais père ; une bonne épouse n'étant pas toujours une bonne mère, la garde des enfants ne doit jamais être une sanction supplémentaire infligée à l'époux ou à l'épouse qui a manqué à ses obligations conjugales.

Il sera accordé au parent ou au tiers qui aura la garde de l'enfant, une pension alimentaire. Celui-ci peut renoncer à cette pension s'il a lui-même des revenus suffisants.

Dans l'allocation de la pension alimentaire le juge doit tenir compte, certes des besoins de ou des enfants mais également des revenus du père.

Le juge veillera à statuer sur le droit de visite pour le parent à qui les enfants ne seront pas confiés. Ce droit de visite ne doit pas constituer une source de conflit entre les ex époux. Le parent qui aurait la garde provisoire de l'enfant peut se voir priver de son droit chaque fois que la preuve sera faite de sa volonté de priver l'autre parent de son droit de visite. Des poursuites pénales peuvent être engagées pour non présentation d'enfant.

S'agissant de la pension alimentaire au profit de l'époux, l'article 368 du code des personnes et de la famille dit que l'époux contre lequel le divorce a été prononcé paiera une pension alimentaire à l'autre au cas où celui-ci se trouverait dans le besoin par le fait du divorce.

La partie qui veut bénéficier de cet avantage doit en faire la demande au juge chargé de l'affaire. Cette pension alimentaire ne peut excéder le quart du montant du revenu du mari. Dans le cas de mariage polygamique cette fraction est modulée en raison du nombre des épouses.

Le juge se prononcera également sur les demandes de restitution de biens ou d'avantages consentis. La loi précise que lorsque le divorce est prononcé aux torts du mari, la femme conserve tous les avantages que son époux lui avait consentis.

Si au contraire c'est aux torts de l'épouse le mari sera fondé à réclamer la restitution de tous les avantages qu'il avait consentis à sa femme.

L'époux contre lequel le divorce est prononcé peut être condamné à payer des dommages – intérêts à l'autre époux, s'il est prouvé que celui du fait du divorce a subi un préjudice susceptible d'être réparé.

B - La seconde branche des effets du divorce porte sur les conséquences de la dissolution du mariage.

L'article 366 du code des personnes et de la famille a décidé que la femme divorcée ne pourra se marier avant 3 mois et qu'il sera constaté par les moyens généralement admis qu'elle n'est pas enceinte des œuvres de son mari.

Du fait du divorce, l'épouse reprend l'usage de son nom ; mais la jurisprudence a admis qu'elle puisse le garder (si elle le désire) lorsque le divorce a été prononcé aux torts de son mari.

Le divorce des parents ne prive pas les enfants issus de cette union d'aucun avantage qui leur est assuré par les lois et les conventions matrimoniales de leur père et mère. Ils pourront les hériter normalement.

Dès lors que le divorce est légalement prononcé, tous les droits et obligations liés au mariage tombent.

En cas de réunion d'époux divorcés, c'est-à-dire lorsque les époux divorcés décident de reprendre leur vie conjugale, une nouvelle célébration du mariage sera nécessaire.

Avant de boucler cette série sur le divorce, il est bon de savoir qu'une procédure de divorce peut s'arrêter en cours de chemin.

L'action en divorce peut s'éteindre par la réconciliation des époux, même après l'échec de la tentative de conciliation. Le juge constate par décision la conciliation des époux et leur en donne acte. Si par la suite l'un quelconque des époux veut de nouveau intenter une nouvelle action en divorce il ne pourra le faire que pour des causes survenues depuis la réconciliation.

L'action en divorce s'éteint également par le décès de l'un des époux survenu avant le jugement ou avant que la décision prononçant le divorce soit devenu définitive.

Dans ce cas les époux pourront hériter l'un de l'autre comme si la procédure de divorce n'avait jamais existé. Dans le cas de la dissolution du mariage par décès d'un des époux, la veuve survivante ne peut contracter un nouveau mariage avant un délai de quatre mois et dix jours à compter du décès de son mari.

La veuve enceinte ne peut contracter mariage qu'après l'accouchement.

Il faut rappeler surtout que la loi a prévu qu'en matière d'état des personnes et notamment dans le cadre d'une procédure de divorce l'appel et le pourvoi sont toujours suspensifs.

Aussi tant que toutes les voies de recours contre le jugement ou l'arrêt ne sont pas épuisées et que la décision soit devenue définitive, le mariage continuera d'exister entre les époux.

La garde des enfants

Nous allons terminer la série du « Divorce en droit Malien » par le sort réservé aux enfants mineurs issus de l'union du couple.

Le juge en même temps qu'il statue sur la dissolution de l'union doit se prononcer sur la garde provisoire des enfants mineurs issus de cette union.

Nous avions déjà exposé qu'en cas de divorce ou de séparation de corps le juge statue sur la garde des enfants mineurs.

Lorsque le juge se prononce sur l'annulation du mariage ou l'inexistence d'un mariage il a l'obligation de régler le sort des enfants issus de cette union qu'il déclare nulle ou inexistante.

S'agissant du mariage nul, on peut évoquer par exemple le cas d'un homme qui ayant opté pour un mariage monogamique aura contracté un autre avant la dissolution du premier ou la femme qui a contracté un second mariage avant la dissolution du premier.

En ce qui concerne le mariage inexistant, on peut faire allusion au concubinage notoire faisant penser à une union régulière, de la quelle seront issus des enfants.

L'article 369 dit que les enfants seront confiés à l'époux qui a obtenu le divorce à moins que le Tribunal sur la demande de la famille ou du ministère public, et au vu des renseignements recueillis … n'ordonne pour le plus grand avantage des enfants, que tous ou quelques-uns d'eux seront confiés aux soins, soit de l'autre époux, soit d'une tierce personne.

La garde est une mesure provisoire.

Dans la pratique la garde des enfants n'est pas liée aux torts d'un époux. Le Tribunal tiendra compte de l'âge des enfants, du revenu des parents, et de tous autres renseignements qui lui seront fournis par les services sociaux.

Il ne résulte à ce jour d'aucun texte de loi que l'enfant de tel sexe ou de tel âge doit être confié à la mère ou au père. L'objectif recherché est de placer l'enfant en un lieu où il pourra s'épanouir.

La loi a prévu que l'enfant puisse être confié à une tierce personne ou à un organisme spécialisé s'il est établi que ses parents biologiques ne pourront s'occuper de son éducation.

La garde est une mesure provisoire c'est-à-dire qu'elle peut être modifiée à tout moment jusqu'à la majorité de l'enfant.

Le parent qui voudrait reprendre un enfant doit adresser au Président du Tribunal une requête aux fins de modification de garde. Il doit pouvoir dans une instance, justifier du bien-fondé de sa demande.

La loi admet que le parent à qui l'enfant est confié bénéficiera de la part de l'autre parent d'une pension alimentaire fixée mensuellement. L'octroi de cette pension alimentaire n'est pas obligatoire.

Quelle que soit la personne à laquelle les enfants seront confiés, les père et mère conservent dans tous les cas le droit de surveiller l'entretien et l'éducation des enfants et sont tenus d'y contribuer à proportion de leurs revenus. Ils ont le droit de visite dans les conditions fixées par le juge.

Le juge réglera ensuite le droit de visite accordé aux parents, qui n'a pas obtenu la garde de l'enfant. Ce droit de visite doit être organisé de façon qu'il ne devienne une source supplémentaire de conflit entre des ex époux.

La mesure de garde provisoire cesse à la majorité de l'enfant, c'est-à-dire lorsqu'il aura obtenu 18 ans ou lorsqu'il sera émancipé, par exemple lorsqu'il se sera marié avant ses 18 ans, âge de la majorité civile (cf. article 705 du Code des Personnes et de la Famille).

8 - La séparation de corps

La séparation de corps est une procédure dont l'aboutissement n'est pas nécessairement la dissolution judiciaire du mariage.

Elle a pour objet de séparer provisoirement les époux pour une période qui ne saurait excéder un an.

La séparation de corps se présente tantôt comme une procédure autonome, tantôt elle suspend provisoirement la procédure de divorce .L'article 374 du code des personnes et de la famille dit que la séparation de corps ne dissout pas le mariage mais elle met fin à l'obligation de cohabitation. Elle ne dispense pas les époux des obligations de protection, de secours, d'assistance et de fidélité. Elle devient dans ce cas une mesure conservatoire à la procédure de divorce.

La loi en donnant à la séparation de corps toute son autonomie précise à l'article 91 Code du Mariage et de la Tutelle que « l'action en séparation de corps peut être intentée pour les mêmes motifs que l'action en divorce ; La séparation de corps peut avoir lieu par consentement mutuel des époux … »

Ainsi comme nous le constatons il y a :

1) la séparation de corps pour faute de l'un quelconque des époux,

2) la séparation de corps par consentement mutuel des époux.

En tant qu'action principale le demandeur dans le premier cas formulera sa requête comme cela se fait pour la procédure de divorce, il précisera les motifs pour lesquels il demande la séparation de corps et pour quelle durée.

Dans le deuxième cas les époux adressent une demande (conjointe) au Président du Tribunal en précisant leur accord pour la séparation de corps.

Le Président du Tribunal par ordonnance constatera le consentement mutuel des époux il règlera ensuite tous les détails de la séparation de corps (garde provisoire des enfants, pension alimentaire, logement de l'époux qui se trouverait dans le besoin, etc.).

La loi a permis aux chefs de circonscriptions administratives s'ils sont saisis d'une telle demande de constater le consentement mutuel et d'en dresser procès-verbal qui sera soumis au Président du Tribunal ou au juge de paix à compétence pour homologation.

La séparation de corps est souvent une procédure incidente à celle du divorce.

Ainsi le demandeur en divorce peut solliciter la séparation de corps pour une durée déterminée. Le défendeur peut, lui aussi former une demande reconventionnelle en séparation de corps sur une demande initiale en divorce. Le contraire n'est pas possible.

Lorsque qu'une procédure de séparation de corps est engagée, les parties ne peuvent, en cours d'instance la transformer en procédure de divorce avant le délai d'un an. L'article 379 du code des personnes et de la famille dit que « lorsque la séparation de corps aura duré un an, l'ordonnance ou le jugement qui l'a prononcé sera de droit converti en jugement de divorce sur la demande formée par l'un des époux ».

Quelles sont les conséquences liées à la séparation de corps ?

Nous en citerons quelques-unes, les plus importantes :

1. La séparation de corps ne dissout pas le mariage, mais elle met fin au devoir de cohabitation. On dit que la séparation de corps emporte séparation de résidence ;

2. La séparation de corps entraîne toujours la séparation de biens pour les époux se trouvant sous le régime de la communauté de biens.

3. La séparation de corps ne dispense pas les époux du devoir de respect mutuel, de protection, de fidélité, de secours et d'assistance mutuelle.

4. La séparation de corps peut être suivie d'attribution de pension alimentaire sans considération des torts.

La fin de la séparation de corps

Certains faits mettent fin à la séparation de corps. Ce sont notamment :

1. La reprise volontaire de la vie commune ;

2. Le décès de l'un des époux ;

3. Le divorce légalement prononcé sur la demande de l'un des époux au terme d'un an de séparation de corps. Dans ce cas le juge doit statuer sur les torts, même si la séparation de corps avait été ordonnée par consentement mutuel.

La loi dit que lorsque le juge est saisi à la fois d'une demande de divorce par un époux et d'une demande de séparation de corps par l'autre époux, il doit après avoir examiné les griefs respectifs des parties, se prononcer d'abord sur la demande de séparation de corps.

Le délai d'épreuve

Le Code du Mariage et de la Tutelle de 1962 avait prévu à l'article 75 une procédure dont les effets font qu'elle ressemble beaucoup à la séparation de corps.

Article 75 : *« Lorsque la demande de divorce aura été formée pour cause d'excès, de sévices ou d'injures graves, encore qu'elle soit bien établie, le juge pourra ne pas admettre immédiatement le divorce. Dans ce cas, avant de faire droit, il autorisera la femme à quitter la compagnie de son mari sans être ténue de le recevoir si elle ne le juge à propos, et il condamnera le mari à lui payer une pension alimentaire proportionnelle à ses facultés si la femme n'a pas elle-même des revenus suffisants pour pourvoir à ses besoins »*.

Le code poursuit en déclarant que dans le cas d'espèce le juge peut, par jugement avant dire droit prononcer le délai d'épreuve qui ne peut excéder un an.

Si au terme du délai accordé les parties ne sont pas réconciliées, le tribunal prononcera le divorce à la diligence du demandeur.

Cette mesure étant considérée comme mesure conservatoire il est notamment recommandé à la juridiction de statuer par un avant- dire-droit et non par une ordonnance susceptible d'appel.

Cette procédure ancienne n'a pas été prévue par le code des personnes et de la famille de 2011.

V

LES INNOVATIONS DU CODE DE PROCEDURE PENALE DU MALI

Dans son souci d'une meilleure prise en charge du respect des droits humains et pour assurer le principe universellement admis « d'un procès équitable dans un délai raisonnable », le gouvernement du Mali relayé en cela par le législateur a mis en chantier un vaste programme de réforme de la justice, conçu et réalisé à travers le Programme Décennal de Développement de la Justice (PRODEJ).

Les premiers produits de cette réforme sont apparus avec l'adoption par l'Assemblée Nationale d'une série de textes parmi lesquels nous citerons le Nouveau Code de Procédure Pénale (Loi n°01-080 du 20 Août 2001), le Nouveau Code Pénal (loi n°01-079 du 20 Août 2001), la Loi°01-081 du 24 Août 2001 portant sur la Minorité Pénale et l'institution des Juridictions pour Mineurs ; la Loi n°01-078 du 18 Juillet 2001 portant sur le contrôle des drogues et des précurseurs.

Dans cette rubrique, nous nous efforcerons de vous faire partager ce que nous appelons les innovations majeures de cette législation.

Aujourd'hui, nous nous intéressons à la Médiation Pénale.

1- La médiation pénale

Dans le chapitre III du Code de Procédure Pénale (CPP) traitant du Ministère Public et de ses attributions (section III) l'article 52 stipule : «Le procureur de la République reçoit les plaintes et les dénonciations et apprécie la suite à donner. »

« Il peut, préalablement à sa décision sur l'action publique et avec l'accord des parties, décider de recourir à une médiation pénale s'il lui apparaît qu'une telle mesure est susceptible d'assurer la réparation du dommage causé à la victime, de mettre fin au trouble résultant de l'infraction et de contribuer au reclassement de l'auteur de l'infraction. .... »

Au-delà de cette disposition l'on perçoit l'amorce d'une autre politique pénale, celle de valoriser les modes alternatifs du règlement des litiges.

Si cela existait déjà sur le plan civil et commercial avec l'arbitrage, les acteurs de la juridiction pénale au Mali étaient restés en marge de cette nouvelle perception du droit.

De quoi s'agit-il ?

Il faut d'abord préciser que la mise en œuvre de la médiation pénale n'était pas encore effective ; elle le sera par un décret pris en conseil de ministres qui en fixera les modalités d'application (voir article 52 in fine).

Dès à présent, la lecture de l'article 52 nous permet quelques analyses et réflexions :

a) La médiation pénale ne peut intervenir que lorsqu'il s'agit des délits dits mineurs à l'exclusion des délits sexuels, des délits d'atteinte aux biens publics. Elle n'intervient pas dans le cas des infractions criminelles.
b) Le recours à la médiation pénale est soumis à l'appréciation du Procureur de la République, mais également à l'accord des parties (celui qui a commis l'infraction et la victime de l'infraction).
c) Le Procureur de la République peut soit procéder lui-même à la médiation pénale ou par un de ses Substituts, soit désigner un Médiateur préalablement choisi et ayant prêté serment. Ce Médiateur n'est pas à confondre avec le Médiateur de la République qui est considéré comme une Institution (non constitutionnelle) de la République.
d) Un procès-verbal constatant l'accord des parties avec avis du Médiateur sera transmis au Procureur de la République qui doit veiller à la bonne exécution des engagements convenus entre les parties. En cas d'échec de la médiation, un rapport est dressé et le Procureur de la République peut à partir de ce moment engager des poursuites pénales.

Cette analyse doit nous inciter sans plus tarder à envisager quelques solutions comme cela se passe ailleurs.

En effet, en France à côté des juridictions classiques - tribunaux d'instance (TI), tribunaux de grande instance (TGI) et des juridictions spécialisées (tribunal pour enfant, conseil de prud'hommes, tribunal du commerce, tribunal des affaires de sécurité sociale, tribunal paritaire des baux ruraux) il a été installé à la base de la pyramide judiciaire **les Maisons de Justice et de Droit** communément appelées les **M.J.D.**

Véritables centres de la pratique de la conciliation et de la médiation pénale, les MJD sont créées dans les mairies des communes.

Les justiciables pourront s'y présenter soit pour demander des renseignements soit solliciter auprès d'un juge, d'un médiateur ou d'un éducateur de trouver une solution à leur problème.

La MJD relève du tribunal. Elle est animée par un juge d'instance assisté de conciliateurs (présentant des qualités de débateurs et ayant une connaissance du droit). Ces conciliateurs sont nommés par le Premier Président de la Cour d'Appel sur proposition du Président du Tribunal. Ils sont généralement choisis parmi les anciens magistrats, les anciens commissaires de police, les anciens commandants de brigade, les anciens greffiers.

Il existe de (2) modes de saisine des MJD :

- soit par les parties elles-mêmes qui peuvent s'y présenter pour solliciter la conciliation,
- soit par le parquet lorsqu'un délit mineur est constaté et que le Procureur n'entend pas donner une suite pénale à l'affaire (ex : troubles de voisinage).

Les Maisons de Justice et de Droit constituent aujourd'hui des centres où se pratique la médiation (véritable mode alternatif de règlement de conflit).

Elles donnent une réponse judiciaire de proximité à ces citoyens qui ont des problèmes qui ne désirent pas s'affronter devant les juridictions classiques avec ce que tout cela comporte en perte d'argent et de temps.

Elles permettent en plus de désengorger les juridictions ordinaires et deviennent un moyen efficace d'apaisement des tensions sociales.

Nous pensons pour notre part que l'expérience des MJD peut être tentée dans notre pays, si l'on sait que la conciliation demeure l'une des vertus de notre société.

Notre voisin, le Sénégal a amorcé l'expérience des MJD.

Constituant l'une des innovations majeures de notre politique et de notre législation pénale, l'article 52 alinéa 2 du Code de Procédure Pénale ne doit pas se perdre dans les méandres de ce code. Nous devons y veiller.

Le Décret de mise en œuvre est un pas important mais il reste l'application de la procédure par les parquets d'instance.

Comme cela a été annoncé c'est le Décret N°0l6 – 168 / PRM du 13 Avril 2006 qui détermine désormais les mesures d'application de la médiation pénale.

Le chapitre I de ce texte réglementaire est consacré aux conditions d'application qui cadrent avec celles de la loi avec exclusion du champ de la médiation pénale les infractions d'atteinte aux biens publics, les délits sexuels.

Le chapitre II traite du déroulement de la médiation pénale.

Ce chapitre précise que la médiation pénale est conduite par le procureur de la république soit personnellement soit par ses substituts soit en ayant recours à un médiateur pénal. Le procureur doit s'assurer du consentement des parties en cause. Ce consentement doit être donné par écrit. Les parties peuvent se faire assister par un avocat ; l'avocat constitué ayant un mandat d'assistance et de conseil il est évident que les parties peuvent exceptionnellement se faire représenter

Le procureur doit procéder à la médiation dans un délai de 30 jours à compter du jour où le consentement est effectif.

Le médiateur désigné aura le même délai de 30 jours qui court à compter de sa saisine.

Dans tous les cas de figure un procès-verbal sera toujours dressé et signé des parties en cause.

En cas de conciliation le texte fait obligation d'homologuer le dit procès-verbal à la diligence du procureur de la république.

En cas d'échec de la médiation pénale la procédure pénale suit son cours, c'est-à-dire que le procureur aura la faculté d'engager des poursuites pénales contre l'auteur des faits incriminés.

Le chapitre III déclare que le médiateur doit être âgé au moins de 40 ans et jouir de tous ses droits civils et civiques. Il ne peut pas s'autosaisir, il est toujours saisi par le procureur de la république.

Le médiateur est choisi sur une liste nationale établie chaque année par Arrêté du ministre chargé de la justice. Le médiateur pénal doit prêter serment avant d'entrer en fonction.

Les fonctions de médiateur pénal sont gratuites dit le Décret, elles donnent cependant droit à une indemnité forfaitaire mensuelle de 25.000 frcs.

Nous pensons pour notre part que la prise de ce Décret d'application est une avancée certaine dans la recherche de solution au règlement de ces litiges mineurs, cependant le fait d'exiger l'homologation pour rendre exécutoire le PV constatant l'accord des parties nous parait inapproprié pour une procédure que l'on veut simple, et rapide. La seule apposition de la signature des parties au pied du procès-verbal et la mention finale du médiateur devrait suffire et faire foi. L'indemnité forfaitaire proposée n'est pas en plus incitative.

En tout état de cause, c'est à l'application que le Décret relatif à la médiation pénale sera évalué pour y apporter les correctifs nécessaires à sa réussite comme politique pénale.

2- La détention provisoire et le contrôle judiciaire

De nouveaux vocables, de nouvelles procédures qui correspondent à des avancées spectaculaires dans la promotion et la protection des droits humains.

Comme précédemment annoncé, le Nouveau Code de Procédure Pénale continue à nous émerveiller par ses innovations.

En effet, dans le Titre IV consacré à l'Instruction, la section V traite de la détention provisoire et du contrôle judiciaire. Ainsi, dans l'article 122 du code de procédure pénale, nous pouvons lire « *En matière correctionnelle ou criminelle, le juge d'instruction peut mettre l'inculpé en détention provisoire ou le placer sous contrôle judiciaire. ...* ».

2.1 La détention provisoire

La détention provisoire se définit comme étant la période de privation de liberté séparant le moment où une personne arrêtée est conduite devant un magistrat et le moment où cette personne est mise en liberté ou passe en jugement.

Un bref recul dans un passé récent nous permettra de comprendre l'avancée spectaculaire que nous avons évoquée plus haut.

En effet, l'ancien Code de Procédure Pénale qui parlait de la détention préventive et non de détention provisoire n'avait jamais limité la durée de séjour en maison d'arrêt. La limitation de délai ne concernait que les mineurs. Dans cet ancien code, c'est la liberté qui était « provisoire » et non la détention (cf. ancien article 127 CPP).

Au-delà de la terminologie, c'est toute une philosophie qui a changé. Aussi, l'examen des articles 123 à 137 nous autorise à faire quelques constats :

- En matière correctionnelle :

  Lorsque le maximum de la peine encourue prévue par la loi ne dépasse pas 2 ans, la personne inculpée (régulièrement domiciliée au Mali) ne peut être détenue plus d'un mois, sans possibilité de renouveler le mandat de dépôt (titre de détention). Il faut cependant préciser que cette faveur n'est pas accordée aux récidivistes c'est-à-dire aux personnes ayant déjà été condamnées à plus de trois mois d'emprisonnement fermes.

- Toujours en matière correctionnelle :

  Lorsque le maximum de la peine encourue se situe entre 2 et 5 ans, la détention provisoire ne peut excéder 6 mois renouvelables une seule fois (article 127).

- En matière criminelle :

  C'est-à-dire pour les faits très graves (tels viol, vol qualifié, homicide volontaire, atteinte aux biens publics, atteinte à la sécurité intérieure de l'Etat, etc.) la durée du mandat de dépôt ne peut excéder un an avec possibilité de le renouveler deux fois seulement sans que la durée maximum de la détention provisoire ne puisse dépasser trois ans.

Il ressort de la lecture combinée des articles 124 et 134 du code de procédure pénale la conclusion suivante :

A/ En matière délictuelle, le mandat de dépôt est toujours précédé d'une ordonnance de mise en détention provisoire. Cette ordonnance devant être spécialement motivée. Les termes de cette motivation se trouvent dans l'article 123.

Ainsi, la détention provisoire peut être ordonnée pour les motifs suivants :

a- lorsque la détention provisoire de l'inculpé est le seul moyen de conserver les preuves ou les indices matériels ou pour empêcher soit une pression sur le témoin soit une concertation frauduleuse entre auteurs des faits et complices.

b- lorsque la détention est nécessaire pour préserver l'ordre public ou pour protéger l'auteur des faits ou garantir son maintien à la disposition de la justice.

c- enfin lorsque l'inculpé se soustrait volontairement aux obligations du contrôle judiciaire.

B/ En matière criminelle il n'y a pas d'ordonnance de mise en détention préalable au mandat de dépôt. Cette ordonnance n'intervient qu'au bout d'un an lorsqu'il s'agit de renouveler le maintien en détention provisoire.

Le juge doit notifier à l'inculpé et au ministère public les motifs de cette mesure.

Comme les praticiens du droit le constateront aisément, cette sommaire étude n'est qu'un regard jeté sur cette innovation du code. Elle n'est pas exhaustive, elle est simplement indicative des progrès réalisés par notre procédure pénale.

La détention provisoire ainsi réglementée nous éloignera de plus en plus du spectacle dégradant de personnes croupissant pendant de longs mois, voire de longues années dans les maisons d'arrêt sans jugement.

Cependant, toute cette politique criminelle sera vaine si elle n'est pas confortée par les mesures d'accompagnement. Il s'agit de mettre à la disposition des juridictions les moyens humains et matériels nécessaires pour la réalisation des objectifs fixés, faire du Mali un véritable Etat de droit au service de l'Homme.

2.2 Le contrôle judiciaire

L'article 122 du Nouveau Code de Procédure Pénale (loi n°01-080 du 20 août 2001) annonce qu' « *en matière correctionnelle ou criminelle, le juge d'instruction peut mettre l'inculpé en détention provisoire ou le placer sous contrôle judiciaire* ».

Aussi la lecture des articles 138 à 147 nous édifie sur cette nouvelle notion qui fait son entrée dans notre procédure pénale.

Ces dispositions, il faut le rappeler viennent consacrer une pratique qui avait cours dans les cabinets d'instruction même si cette pratique se limitait à restreindre la liberté de mouvement de la personne poursuivie. L'inculpé en liberté avait l'obligation de se présenter soit une fois par mois, soit une fois par semaine dans le cabinet du juge d'instruction pour émarger dans un registre tenu à cet effet. C'était la seule mesure de sûreté pour s'assurer de la représentativité d'un inculpé qui n'avait pas été placé sous mandat de dépôt.

Aujourd'hui, le Nouveau Code de Procédure Pénale du Mali, s'inspirant du Code de Procédure Français (en ses articles 138 et suivants), réglemente le contrôle judiciaire.

Le contrôle judiciaire s'analyse comme un mode de substitution à la détention, donc une chance supplémentaire accordée à une personne poursuivie pour lui éviter d'aller en prison lorsqu'elle comparaît devant le juge d'instruction.

En droit, lorsqu'une personne poursuivie pour des faits qualifiés crime ou délit est conduite devant le juge d'instruction, celui-ci en raison de la nature des faits, de sa gravité ou du trouble à l'ordre public aura un choix après son inculpation entre :

1- laisser cette personne en liberté avec ou sans caution,

2- la placer sous mandat de dépôt (détention provisoire),

3- la placer sous contrôle judiciaire.

L'article 138 du code de procédure pénal du Mali précise « le contrôle judiciaire astreint l'inculpé à se soumettre selon la décision du juge d'instruction à une ou plusieurs des obligations ci-après énumérées :

1° ne pas sortir des limites territoriales déterminées par le juge d'instruction ;

2° ne pas s'absenter de son domicile ou de sa résidence fixée par le juge d'instruction qu'aux conditions et pour les motifs déterminés par ce magistrat ;

3° ne pas se rendre à certains lieux ou ne se rendre que dans des lieux déterminés par le juge d'instruction

4° informer le juge d'instruction de tout déplacement au-delà des limites déterminées ;

5° se présenter périodiquement aux services ou autorités désignés par le juge d'instruction qui sont ténus d'observer la plus stricte discrétion sur les faits reprochés à l'inculpé ;

6° répondre aux convocations de toute autorité ou de toute personne qualifiée désignée par le juge d'instruction et se soumettre le cas échéant aux mesures de contrôle portant sur ses activités professionnelles ou sur son assiduité à un enseignement ;

7° remettre soit au greffe, soit à un service public de police ou à une brigade de gendarmerie tous documents justificatifs de l'identité et notamment le passeport, en échange d'un récépissé valant justification de l'identité ;

8° s'abstenir de conduire tous les véhicules ou certains véhicules et le cas échéant remettre au greffe son permis de conduire contre récépissé ;

9° s'abstenir de recevoir ou de rencontrer certaines personnes spécialement désignées par le juge d'instruction, ainsi que d'entrer en relation avec elles, de quelque façon que ce soit ;

10° se soumettre à des mesures d'examen, de traitement ou de soins, même sous le régime de l'hospitalisation, notamment aux fins de désintoxication ;

11° ne pas émettre de chèques autres que ceux qui permettent exclusivement le retrait de fonds par le tireur auprès du tiré ou ceux qui sont certifiés et le cas échéant, remettre au greffe les formules de chèques dont l'usage est ainsi prohibé ;

12° ne pas se livrer à certaines activités de nature professionnelle ou sociale, à l'exclusion de l'exercice de mandats électifs et des responsabilités syndicales lorsque l'infraction a été commise dans l'exercice ou à l'occasion de l'exercice de ces activités et lorsqu'il est à redouter qu'une nouvelle infraction soit commise ;

13° ne pas détenir ou porter une arme et le cas échéant remettre au greffe contre récépissé les armes dont il est détenteur ; … ».

L'analyse des textes relatifs au contrôle judiciaire nous permet de faire quelques constats :

1- le contrôle judiciaire est une mesure de sûreté dont l'appréciation relève seul du juge d'instruction.

2- le contrôle judiciaire peut intervenir à toutes les étapes de la procédure d'instruction c'est-à-dire qu'une personne précédemment laissée en liberté peut en cours de procédure être placée sous contrôle judiciaire ; aussi une détention provisoire peut être transformée en contrôle judiciaire après main levée du mandat de dépôt.

3- les obligations contenues dans l'ordonnance de placement sous contrôle judiciaire peuvent changer à tout moment soit pour adjonction de nouvelles obligations soit pour suppression de certaines soit par dispenses occasionnelles ou temporaires.

4- la main levée du contrôle judiciaire peut être ordonnée à tout moment par le juge soit d'office soit sur réquisition du procureur de la république ou à la demande de la personne placée sous contrôle judiciaire.

5- l'ordonnance de placement sous contrôle judiciaire est insusceptible d'appel (art 139 in fine) mais lorsqu'une personne placée sous contrôle judiciaire demande la main levée ou la modification des obligations, le juge d'instruction doit statuer après réquisition du parquet par ordonnance motivée ; cette ordonnance est susceptible de recours devant la chambre d'accusation qui est la chambre des appels des ordonnances du juge d'instruction.

Le juge doit statuer dans un délai de 5 jours francs sur la demande de main levée ou de modification formulée par l'inculpé ou son avocat.

Comme nous l'avons évoqué plus haut, le contrôle judiciaire est une mesure de substitution à l'emprisonnement (mise en détention).

Cette mesure est toujours provisoire et peut souvent prendre fin avant même la clôture du dossier d'instruction.

L'inculpé doit se soumettre aux obligations spécifiées dans l'ordonnance du juge.

La sanction de cette inobservation se trouve dans l'article 145 : *« si l'inculpé se soustrait volontairement aux obligations du contrôle judiciaire, le juge d'instruction, quelle que soit la durée de la peine d'emprisonnement encourue, pourra décerner à son encontre mandat d'arrêt ou de dépôt en vue de sa détention provisoire ».*

Au Mali le juge qui ordonne le contrôle judiciaire n'a pas les moyens nécessaires pour vérifier par lui-même si toutes les obligations sont violées ou respectées. Comme il est dit à l'article 138 derniers alinéas, un décret pris en conseil de ministres viendra déterminer les mesures d'application du contrôle judiciaire.

Dans la pratique, ce sont les officiers de police judiciaire (police et gendarmerie) qui veilleront à l'exécution des mesures.

Dans certains pays (Etats Unis, Grande Bretagne) le bracelet électronique a été expérimenté avec le système GPS pour contrôler tous les déplacements de la personne objet de la mesure.

Nous devons nous inspirer de ces expériences en ce qu'elles s'adaptent à nos réalités.

En tout état de cause, le juge doit veiller à ce que le contrôle judiciaire ne soit pas plus contraignant que la détention provisoire.

VI
L'ENQUETE PRELIMINAIRE

Il s'agit de la phase d'enquête d'une procédure pénale réalisée par les officiers de police judiciaire (police, gendarmerie et autres).

Cette enquête est qualifiée de préliminaire parce qu'elle précède la mise en mouvement de l'action publique (action pénale) qui est déclenchée par le Procureur de la République ou le Juge de Paix à Compétence Etendue.

L'article 86 Code de Procédure Pénale stipule que « les officiers de police judiciaires (O.P.J) soit sur instructions du Procureur de la République (PR), soit d'office, procèdent à des enquêtes préliminaires ».

L'enquête préliminaire est déclenchée :

1 Soit sur une plainte adressée par une victime directement au Commandant de Brigade de gendarmerie ou au Commissaire de Police,

2 Soit sur instructions du Procureur de la République ou du Juge de Paix à Compétence Etendue ; Cette instruction peut être d'initiative du Procureur ou simplement pour faire suite à une plainte ou une dénonciation faite par un citoyen.

3 Soit enfin sur initiative personnelle des autorités de police ou de gendarmerie, sur dénonciation ou sur connaissance personnelle de ces autorités de faits infractionnels.

L'article 33 C.P.P stipule que « la police judiciaire est chargée de constater les infractions à la loi pénale, d'en rassembler les preuves et d'en rechercher les auteurs… »

Ainsi traditionnellement c'est aux officiers de police judiciaires que la loi a confié la tâche de procéder à l'enquête préliminaire.

Outre la police et la gendarmerie, la loi a permis à certains fonctionnaires ou agents à procéder à l'enquête préliminaire dans leur domaine de compétence. Ce sont par exemple les Inspecteurs des Douanes pour les infractions douanières, les Inspecteurs des impôts pour les fraudes fiscales, les Inspecteurs du Travail pour les infractions liées au droit du travail, les Inspecteurs de l'Administration chargés du commerce et de la concurrence, pour les infractions aux lois sur le commerce et la concurrence, les Ingénieurs et Agents assermentés des Eaux et Forêts(conservation de la nature) pour les infractions à la réglementation des Eaux et Forêts, de la chasse et de la pêche .Cette liste n'est pas limitative.

Toutes ces autorités investies doivent se conformer aux dispositions du Code de Procédure Pénale relatives à l'enquête préliminaire.

Il faut préciser que dans ces cas spéciaux, les formes de mise en mouvement des poursuites et l'aboutissement des enquêtes n'ont généralement pas les mêmes caractéristiques que l'enquête préliminaire ordinaire.

Par exemple le Procureur de la République ne saurait de sa propre initiative poursuivre pour fraude fiscale.

En matière d'infractions douanières le Procureur de la République ne peut engager des poursuites pénales lorsqu'il y a transaction entre l'Administration des Douanes et le commerçant auteur de l'infraction (voir les articles 288 et suivants du Code des Douanes Loi N°01-075 du 18 Juillet 2001).

Notre étude sera focalisée sur l'enquête préliminaire ordinaire, celle qui peut nous concerner chaque jour dans un commissariat de police ou dans une brigade de gendarmerie.

Le principal objectif visé par une enquête est la recherche de la vérité.

Chaque fois qu'une autorité de police ou de gendarmerie est saisie d'une plainte ou d'une dénonciation, elle doit s'assurer que les faits répondent à une qualification pénale ; C'est ce qui explique que depuis la dépénalisation du Non-paiement de dette civile ou commerciale, la police et la gendarmerie toutes les fois qu'elles sont saisies de ces faits doivent se déclarer incompétentes et inviter le plaignant à saisir le Tribunal civil ou le Tribunal de commerce.

Les Officiers de police judiciaires dans l'exercice de leurs missions ont l'obligation d'informer immédiatement le Procureur de la République ou le Juge de Paix chaque fois que des faits leurs sont dénoncés. Ils ont obligation d'être loyaux dans la recherche de la vérité.

Ils doivent enquêter à charge et à décharge en privilégiant toutes les pistes possibles.

Ils ont le droit de mener leurs enquêtes selon leur méthode propre de recherche.

Ils ont le droit d'interroger et de garder à vue toutes personnes dont la responsabilité peut être recherchée dans la commission de l'infraction. Ils peuvent entendre tout témoin, prendre toutes les mesures de perquisition et de mise sous - scellé des objets ou des documents nécessaires à la manifestation de la vérité. Ils doivent cependant faire ce travail dans le strict respect des lois et de la personne humaine. Par exemple respecter les heures légales de garde à vue (48 heures), des visites domiciliaires et des perquisitions (aucune perquisition ou visite domiciliaire ne peut commencer avant 6 heures ou après 21 heures).

Au cours de l'enquête préliminaire, l'O.P.J doit dresser le procès-verbal des interrogatoires, auditions et de tout le déroulement de l'enquête.

L'original du P.V est adressé au Procureur de la République ou au Juge de Paix à Compétence Etendue.

Toutes les personnes interrogées ou auditionnées doivent lire leur déclaration avant de les signer. Si elles ne savent pas lire l'O.P.J a l'obligation de leur en donner lecture et traduction. Nul ne saurait être contraint à signer des déclarations dont il n'est pas l'auteur.

Dans la pratique les O.P.J disposent de Registres appelés « Registre de déclaration ou de P.V » dans lesquels sont consignées les déclarations. Ce sont ces Registres qui sont soumis à la signature des personnes entendues. Le procès-verbal est la reproduction fidèle de ces Registres.

Avec l'avènement de l'informatique dans les unités d'enquête cette pratique doit être revue.

Le P.V est signé par l'O.P.J qui a dirigé l'enquête et par les agents de polices judiciaires (A.P.J) qui l'ont assisté.

Le Procès-verbal d'enquête préliminaire est valable à titre de simples renseignements.

Il est évident qu'en dépit de cette valeur probante, le P.V reste généralement la seule source d'information du Procureur de la République et le seul élément sur lequel il décide ou non de poursuivre, de placer ou pas sous mandat de dépôt l'auteur des faits ou les personnes contre lesquelles existent des indices graves et concordants de nature à motiver leur inculpation, ou de saisir un juge d'Instruction pour approfondir l'enquête préliminaire par l'ouverture d'une information judiciaire.

1 - La garde à vue

La Constitution du Mali (loi fondamentale du 25 Février 1992) déclare de façon péremptoire dans son article premier que « *La personne humaine est sacrée et inviolable. Tout individu a droit à la vie, à la liberté, à la sécurité et à l'intégrité de sa personne* ».

C'est dans le sens du respect de ce principe que la Constitution a elle-même réglementé la Garde à Vue. Les modalités de sa mise en œuvre sont organisées par le Code de Procédure Pénale.

En effet l'article 10 al 2 de la Constitution dit que *« Nul ne peut être détenu pour une période supérieure à quarante-huit heures que par décision motivée d'un magistrat de l'ordre judiciaire. »*

De la lecture de cet article se dégagent deux constats.

1 Premièrement, en principe aucun individu ne doit être privé de sa liberté que sur décision d'une autorité judiciaire, d'un magistrat de l'ordre judiciaire (magistrat du siège ou du parquet).

2 Deuxièmement si un individu doit être privé de sa liberté pour quelque motif que ce soit par le fait d'une autre autorité, cette privation de liberté ne saurait dépasser une durée de 48 heures.

La garde à vue est une privation de liberté qui peut intervenir au cours d'une enquête préliminaire. Elle est toujours décidée par un officier de police judiciaire.

L'article 76 du code de Procédure pénale stipule « Pour les nécessités de l'enquête, l'Officier de police judiciaire peut être amené à garder à sa disposition une ou plusieurs des personnes visées aux articles 73,74 et 75 pendant quarante-huit heures ».

Il s'agit de :

- *Article 73* : des personnes dont il est nécessaire d'établir ou de vérifier l'identité ou les personnes susceptibles de s'éloigner avant la clôture des enquêtes ;

-*Article 74* : les personnes susceptibles de fournir les renseignements sur les faits objet de l'enquête.

-*Article 75* : les personnes qui doivent être interrogées sur les faits et sur lesquels pèsent de fortes présomptions.

Aux termes de la loi, la garde à vue, c'est-à-dire la privation de liberté ne doit être envisagée, que lorsque les nécessités de l'enquête l'exigent.

Les Officiers de police judiciaire doivent toujours avoir à l'esprit le principe posé par l'article 1er de la constitution (la sacralité et l'inviolabilité de la personne humaine).

La garde à vue ne doit pas être utilisée de façon intempestive et inopportune.

L'enquête étant de la seule compétence de l'Officier de Police Judiciaire, c'est lui seul qui peut décider de placer la personne suspecte en garde à vue. Nul autre agent ne saurait décider de cette mesure à sa place.

L'article 76 CPP dit clairement à son alinéa 5… « En aucun cas un agent de police judiciaire ne peut décider d'une mesure de garde à vue… »

Nous savons que dans les Commissariats et dans les brigades de gendarmerie la liberté n'est pas toujours chèrement payée. Il n'est pas rare de voir des citoyens convoqués et gardés à vue par de simples agents (sous-officiers) sans en référer à un gradé ayant la qualité d'opj

Les Commissaires ou les Commandants de brigades doivent se rappeler que c'est leur responsabilité personnelle qui sera recherchée dans la violation de ces dispositions.

Le principe est que la garde à vue ne peut légalement dépasser 48 heures. Il peut arriver que pour une raison quelconque, qu'en 48 heures l'opj ne parvienne pas à boucler son enquête, dans ce cas la loi lui donne la possibilité de demander une prolongation de la garde à vue. Cela résulte de l'article 76 al 2 : *« S'il existe contre une personne des indices graves et concordants de nature à motiver son inculpation, le délai de garde à vue de quarante-huit heures peut être prolongé d'un délai de vingt et quatre heures par autorisation écrite du Procureur de la République ou du Juge d'Instruction... »*

Nous savons que les opj rencontrent des difficultés réelles pour achever leurs investigations dans ces délais, alors que le maintien en détention reste nécessaire pour la manifestation de la vérité. Les Parquets ont souvent trouvé une solution heureuse qui n'est pas d'être complaisant dans la violation de la durée légale de garde à vue, mais la solution consiste à obliger l'opj à conduire les personnes suspectes devant le Procureur accompagnées du procès-verbal d'enquête.

Le Procureur engage les poursuites et saisit un juge d'Instruction pour instruire, le juge d'Instruction peut décerner mandat de dépôt contre les personnes dont le maintien en détention est nécessaire pour la manifestation de la vérité. Le juge d'Instruction peut ensuite saisir par commission rogatoire les premiers enquêteurs pour terminer leur travail. Dans ce cas l'opj exécute les instructions du juge d'Instruction et non celui du Procureur.

La personne placée en garde à vue peut exiger d'être présentée à un médecin soit à sa propre demande, soit à la demande de sa famille, de son avocat ou même du Procureur de la République ou du juge de Paix à Compétence Etendue.

Il résulte de l'article 77C.P.P que l'opj a l'obligation de mentionner sur le PV d'audition de toutes personnes gardées à vue le jour et l'heure à partir desquels elles ont été soit libérées, soit conduites devant le magistrat compétent. Cette mention doit être spécialement émargée par la personne gardée à vue.

Dans chaque unité d'enquête il doit être tenu un Registre de garde à vue côté et paraphé par le Président du Tribunal. Ce registre doit être visé mensuellement par le Procureur ou le juge de paix.

Les agents de police judiciaire sur ordre et sous la responsabilité des Officiers de police Judiciaire, en l'absence préalable de toute procédure, peuvent procéder au contrôle d'identité. Aussi si l'intéressé refuse ou se trouve dans l'impossibilité de justifier de son identité, il peut en cas de nécessité être retenu sur place ou dans les locaux de police ou de gendarmerie. Dans ce cas il est immédiatement conduit à un officier de police Judiciaire qui procède aux opérations de vérifications nécessaires. Cette personne, pour prévenir un trouble à l'ordre public peut être retenue pour une durée ne pouvant nullement excéder quarante-huit heures.

Lorsqu'il s'agit d'un mineur, l'opj a l'obligation d'informer immédiatement le Procureur de la République. Les personnes retenues pour contrôle d'identité doivent avoir la possibilité d'aviser leur famille ou une personne de leur choix.

Au Mali, la possibilité légale pour un avocat d'être présent dès l'enquête préliminaire pour assister une personne peut être une assurance pour un meilleur respect du délai de la garde à vue.

2 - Les perquisitions et les saisies

La Constitution du Mali (Loi Fondamentale du 25 Février 1992) déclare que l'Etat reconnaît et garantit les libertés dans les conditions fixées par la loi. Parmi ces libertés l'article 6 proclame l'inviolabilité du domicile, du domaine, de la vie privée et familiale, le secret des correspondances et des communications.

C'est pour aménager ces libertés que le Code de Procédure Pénale a réglementé la façon dont les perquisitions, visites domiciliaires et la mise sous scellé des objets et documents sont organisés.

L'article 68 du Code de Procédure Pénale stipule : « Si la nature du crime ou du délit est telle que la preuve en puisse être acquise par la saisie des papiers, documents ou autres objets en la possession des personnes qui paraissent avoir participé au crime ou détenir les pièces ou objets relatifs aux faits incriminés, l'Officier de Police Judiciaire se transporte sans désemparer au domicile de ces dernières pour y procéder à une perquisition dont il dresse procès-verbal … »

Qui peut procéder à des perquisitions et à la saisie des objets ou documents ?

1. Les Officiers de Police Judiciaires agissant dans le cadre d'une procédure de flagrance (crime ou délit flagrant).
2. Le Juge d'Instruction lorsqu'il instruit une affaire.
3. Les Officiers de Police Judiciaire au cours de l'enquête préliminaire ordinaire ou lorsqu'ils exécutent les ordres du juge d'Instruction.

Quelles sont les conditions légales d'une perquisition ?

1-) Il y a d'abord les exigences horaires.

L'article 71 CPP précise que les perquisitions et visites domiciliaires ne peuvent commencer avant 6 heures et après 21 heures. Il faut cependant préciser que si elles sont commencées avant 21 heures elles peuvent se prolonger jusqu'à ce qu'elles prennent fin.

A cette exigence horaire la loi a prévu 2 exceptions :

1 Lorsqu'il y a réclamation faite de l'intérieur, par exemple en cas d'appel au secours.

2 Lorsque la loi en dispose autrement. C'est par exemple les cas de crime d'attentat à la sécurité de l'Etat, ou des cas d'agression terroriste…

2-) La loi exige que la perquisition et la saisie des objets soient faites en présence de la personne au domicile de laquelle la perquisition a lieu ou en présence d'un représentant dûment désigné par elle. En cas d'impossibilité ou à défaut de désignation, l'OPJ ou le Juge d'Instruction doit choisir deux témoins en dehors des personnes relevant de leur autorité (art 69 CPP).

3-) Le secret autour des objets et documents saisis doit être sauvegardé.

Tous les objets ou document saisis doivent être immédiatement inventoriés en présence des personnes qui ont assisté à la perquisition.

4-) Toute perquisition sera suivie de l'établissement d'un procès-verbal qui précise les conditions de la perquisition, les personnes présentes, les objets et documents mis sous scellés, les incidents s'il y a lieu, le tout adressé en même temps que le procès-verbal d'enquête préliminaire au Procureur de la République ou au Juge de Paix à Compétence Etendue.

En cas de perquisition faite par le Juge d'Instruction celui-ci est obligatoirement assisté du greffier d'instruction. Le Procureur doit être informé par le juge d'Instruction du transport sur les lieux. Dans la pratique le Juge d'Instruction prend une ordonnance de transport sur les lieux qui sera notifiée au procureur et aux avocats des parties.

La personne poursuivie et celle chez qui les opérations ont été effectuées sont toujours invitées à signer le procès-verbal.

La loi a prévu un régime spécial pour les perquisitions des cabinets d'Avocats, de Notaires, de Médecins, d'Huissiers commissaire de

Justice et des locaux d'Entreprises de presse et de communication audiovisuelle.

3 - Le régime spécial des perquisitions

La loi organisant les perquisitions et visites domiciliaires a prévu un régime dérogatoire au principe général. Ce régime se fonde sur la qualité des personnes chez lesquelles la perquisition ou la visite domiciliaire doit avoir lieu.

Contrairement au Code de Procédure Pénale Français, le Code de Procédure Pénale du Mali ne fait pas cas de régime spécial des perquisitions. Il faut alors le rechercher dans les textes d'Organisation des professions.

L'article 8 de la loi N°94-042 du 13 Octobre 1994 portant création et organisation de la profession d'Avocats précise à son alinéa 3 et 4 que « les Avocats sont des officiers ministériels protégés par la loi … l'étude d'avocat est inviolable. Son accès est soumis à une autorisation écrite du Procureur Général près la Cour d'Appel après avis du Bâtonnier. »

Dans le même esprit l'article 8 de la Loi n° 95 -069 du 25 Août 1995 portant Statut des Huissiers de Justice précisait que « l'étude de l'huissier est inviolable, son accès est subordonné à une autorisation du Procureur de la République ou du Juge de Paix à Compétence Etendue… »

La loi N° 96-023 ANRM du 21 Février 1996 portant Statut des Notaires disposait en son article 42 que « l'office notarial est inviolable. Son accès est subordonné à une autorisation du Procureur Général près la Cour d'Appel…».

Pour éviter que ces cabinets et offices ne soient des citadelles imprenables le législateur Français a donné des formules qui peuvent nous inspirer.

En effet, les articles 56-1 et 56-2 du Code de Procédure Pénale Français disposent que, les perquisitions dans le cabinet d'un avocat ou à son domicile ne peuvent être effectuées que par un magistrat et en présence du bâtonnier ou de son représentant.

S'agissant du cabinet d'un médecin, d'un notaire ou d'un huissier, les perquisitions ne peuvent y être effectuées que par un magistrat et toujours en présence du responsable de l'ordre ou de l'organisation professionnelle à laquelle l'intéressé est affilié ou de leur représentant.

Dans tous ces cas les perquisitions sont faites en présence de la personne au domicile de laquelle la perquisition a lieu, à défaut son représentant ou en présence de deux témoins choisis.

Pour sauvegarder la liberté de presse et d'opinion il a été prévu que les perquisitions dans les locaux d'une entreprise de presse ou de communication audiovisuelle ne peuvent être effectuées que par un magistrat qui doit veiller nécessairement à ce que les investigations conduites ne puissent porter atteinte au libre exercice de la profession de journaliste et ne puissent constituer un obstacle ou un retard injustifié à la diffusion de l'information.

Ces divers éléments sauront utilement enrichir notre propre législation.

Quel est le sort réservé aux objets ou documents saisis au cours d'une perquisition ?

En principe, ne sont saisis que les objets ou documents utiles à la manifestation de la vérité. Ces objets et documents constituent pour la plupart du temps, des pièces à conviction qui doivent suivre le dossier de la procédure jusqu'au jugement de l'affaire.

En cas de jugement de l'affaire, la juridiction de jugement doit statuer sur le sort des scellés.

La loi a cependant prévu à l'article 99 du code de procédure pénale du Mali que « l'inculpé (la personne poursuivie), la partie civile (la victime) ou toute autre personne qui prétend avoir droit sur un objet placé sous-main de justice peut en réclamer la restitution au juge d'Instruction… » (avant le jugement). La chambre de jugement doit en principe statuer sur le sort des scellés au moment du jugement de l'affaire.

Ce bref exposé sur les perquisitions n'a pas la prétention d'épuiser le sujet. Il nous permet simplement de veiller au respect de notre droit de citoyen.

VII

LA JUSTICE PENALE AU MALI A L'ASSAUT DE LA DELINQUANCE ECONOMIQUE ET FINANCIERE

La délinquance économique et financière tend à se développer de façon rapide et multiforme non seulement dans les pays développés et émergents mais aussi dans les pays comme le nôtre qui cherchent encore la voie de leur développement économique.

Les formes classiques de la délinquance économique et financière sont en nette augmentation. Ce sont les abus de confiance, les abus de biens sociaux, les faux, les escroqueries, les fraudes fiscales, les fraudes bancaires, les délits boursiers, les infractions liées à la consommation, à l'emploi, etc.

Cette délinquance connaît en second lieu une internationalisation qui n'épargne aucune zone économique ou politique du monde. Ce sont le blanchiment d'argent ou de capitaux, le trafic de drogue, le trafic de pierres précieuses, le trafic de biens culturels, les trafics de femmes ou d'enfants, les contrefaçons, la fraude communautaire, la prise illégale d'intérêt, le délit de favoritisme, la corruption, etc.

Enfin, nous constatons une troisième forme de délinquance liée au maniement de fonds publics, les fonds d'aide et de coopération etc.

L'évolution fulgurante de l'organisation économique et financière s'est accélérée, dé-personnifiée et mondialisée. Elle a produit une organisation « criminelle » nouvelle à laquelle il a fallu s'adapter par les textes et les techniques d'investigation et de répression. Il fallait tenir compte des progrès réalisés hors du droit pénal, hors du droit tout court pour saisir et objectiver les situations et comportements des opérateurs économiques.

L'évolution des référentiels comptables traduit ce souci et offre ainsi une meilleure corrélation entre comptes, audits des activités, contrôle des comptes et poursuites pénales.

Ainsi, par ce mélange entre la technique pénale générale et le particularisme de l'activité économique et financière, s'est constitué peu à peu un droit pénal particulier plus proche du droit commercial appelé droit des affaires que du droit pénal général.

La méthodologie tant de l'approche que du traitement de cette délinquance économique et financière doit se construire en considération d'une efficacité dans l'identification et dans la répression des comportements infractionnels. Cette efficacité tant recherchée par les Etats ne doit pas se faire au détriment ni des droits de la défense, ni des droits de la personne humaine, ni des règles du marché.

Pour assurer à ses diverses formes de délinquances une réponse judiciaire adéquate, les Etats ont entrepris à la foi des reformes dans leur législation, l'organisation des services de recherches et de répression au plan national comme au plan communautaire, régional et international.

Ce sont ces mêmes réalités présentes dans tous les Etats qui ont inspirées les autorités du Mali dans la lutte contre cette déviance des temps modernes à savoir la délinquance économique et financière.

Ainsi, le législateur malien dans sa réforme du Code de Procédure Pénale a pris en compte ces réalités en procédant à la création d'un cadre juridique spécifique, j'allais dire spécial pour le traitement des infractions économiques et financières.

En effet, la Loi n°01-080 du 20 août 2001 portant Code de Procédure Pénale (CPP) fixe au chapitre IX le cadre juridique *De la poursuite de l'instruction et du jugement en matière de corruption et d'infractions économiques et financières.*

Après cette présentation générale du sujet nous allons examiner quels sont, au sens du Nouveau Code de Procédure Pénale, les faits qualifiés « infractions économiques et financières » et quelles sont les procédures suivies en cette matière devant les juridictions maliennes.

Le Pôle économique et financier

Dans son Titre XI intitulé **« De Quelques Procédures Particulières »** le Nouveau Code de Procédure Pénale traite dans le chapitre IX **« De la poursuite, de l'instruction et du jugement en matière de corruption et d'infractions économiques et financières ».**

L'article 609 du Code de Procédure Pénale stipule que les infractions prévues par le Code Pénal en ses articles :

1 - 86 à 97 (faux monnayage) ;

2 98 à 101 (contrefaçon de timbres et marques et usage frauduleux de timbres et marques) ;

3 - 102 à 105 (faux en écriture) ;

4 - 106 et 107 (atteintes aux biens publics) ;

5 - 108 et 109 (concussion) ;

6 - 110 et 111 (prise illégale d'intérêt dans la passation des marchés publics) ;

7 - 112 à 119 (délit de favoritisme dans la passation des marchés publics) ;

8 - 120 à123 (corruption) ;

9 - 298 et 299 (blanchiment d'argent) ;

10 - 301 à 303 (délit d'initié) ;

11 - ainsi que les incriminations définies dans le code de commerce, le code des impôts, le code des douanes, le code des marchés publics, la loi de finances et de la comptabilité ; sont toutes poursuivies, instruites et jugées selon les dispositions du Code de Procédure Pénale sous réserve des dispositions de l'article 610 instituant les Pôles Economiques et Financiers.

A ces dispositions, il faut ajouter les articles 611 et 612 qui viennent préciser la compétence des juridictions chargées d'examiner les infractions économiques et financières sus référencées, quel que soit leur lieu de commission, ces règles étant dérogatoires de celles de la procédure de droit commun.

L'examen des différentes dispositions nous permet de faire quelques constats :

1- C'est le Code de Procédure Pénale (en lieu et place de la loi d'organisation judiciaire) qui institue lui-même auprès des Tribunaux de Première Instance abritant le siège des trois Cours d'Appel du Mali, des juridictions spécialisées appelées « Pôle Economique et Financier ». Ainsi, nous avons (selon les termes de la loi) le Pôle Economique et Financier du Tribunal de Première Instance de la Commune III du District de Bamako, le Pôle Economique et Financier du Tribunal de Première Instance de Kayes et enfin le Pôle Economique et Financier du Tribunal de Première Instance de Mopti.

2- Le Pôle Economique et Financier se caractérise par sa spécialisation dans la poursuite des infractions spécifiques avec la présence d'un parquet spécialisé, de cabinets d'instruction spécialisés, d'une brigade d'investigation spécialisée appelée brigade économique et financière.

Cette brigade comprend en son sein des policiers et des gendarmes mis exclusivement à la disposition et sous l'autorité du Procureur de la République.

Le pôle comprend également des assistants spécialisés en matière économique, financière, fiscale et douanière. Ces derniers sont recrutés parmi les Inspecteurs des services économiques, des services des impôts, des finances, du trésor, des douanes mis par leur autorité de tutelle à la disposition du Procureur de la République chargé du pôle économique et financier.

3- Par dérogation aux règles des articles 54 et 56 du Nouveau Code de Procédure Pénale, lorsqu'un fait réputé infraction économique et financière est constaté, ce n'est plus le parquet ou le juge de paix du lieu de commission de l'infraction ou de l'arrestation de l'auteur qui sera compétent mais les parquets spécifiquement désignés pour chaque ressort de Cour d'Appel.

Ainsi, concrètement, lorsqu' un individu est arrêté à Koutiala par exemple pour faux monnayage ou pour détournement de fonds publics, la personne doit être dirigée sans même être interrogée à Bamako devant le Procureur du Pôle Economique et Financier de la Commune III, pour compétence. Ce schéma qui paraît caricatural est pourtant la réalité juridique ; le Code étant déjà applicable depuis le 1er janvier 2002 (cf. article 634 in fine).

Est-ce que la mise en œuvre de ce schéma légal ne va-t-il pas constituer un handicap supplémentaire dans le traitement en temps réel des affaires ?

Nous espérons que le Décret prévu pour la mise en œuvre viendra préciser les mesures d'application de ces dispositions.

4- Comme pour l'enquête préliminaire, la poursuite et l'instruction, les juridictions correctionnelles de la commune III, de Kayes et de Mopti seront seules compétentes pour juger au premier degré les affaires portant sur les délits économiques et financiers.

Il ressort de la lecture de l'article 611 que s'agissant des faits criminels après la phase de poursuite et d'instruction selon les règles spéciales, on retombe dans le droit commun c'est-à-dire que les affaires instruites seront examinées au second degré par les chambres d'accusation ordinaires des Cours d'Appel. Les Cours d'Assises de Bamako, Mopti et Kayes restent compétentes dans les mêmes conditions pour le jugement des affaires criminelles portants sur des faits qualifiés infractions économiques et financières.

Avec l'ouverture des trois pôles économiques, il apparaît que les autorités politiques de tutelle se sont plutôt préoccupées des phases poursuites et instruction, par l'octroi de moyens matériels et financiers conséquents.

La phase jugement des affaires ne semble pas avoir intéressé le gouvernement qui dans l'allocation des budgets pour le fonctionnement n'a prévu aucun accompagnement ni matériel ni logistique ni financier pour les juridictions chargées du jugement des affaires.

C'est cette dernière phase qui consacre l'aboutissement de cette politique criminelle de lutte contre la corruption, et contre la délinquance financière.

Des efforts sont nécessaires pour que tous les maillons de la chaîne se sentent concerné par cette lutte, cela nous semble être le meilleur gage de réussite de cette politique de lutte contre la délinquance financière et la corruption, signe d'une bonne gouvernance.

Après cette présentation du pôle économique et financier et de la procédure suivie devant cette juridiction, il convient de jeter un regard sur les faits qui peuvent amener un citoyen à se retrouver devant cette juridiction spécialisée.

L'article 609 du code de procédure pénale ne semble pas nous donner tout le détail. Il nous précise seulement dix (10) infractions tirées du code pénal, que nous avons déjà citées plus haut, ce sont :

1-le faux monnayage,

2-la contrefaçon de timbre et marque et l'usage frauduleux de timbres et marques,

3-les faux en écriture,

4-les atteintes aux biens publics,

5-la concussion,

6-la prise illégale d'intérêt dans la passation des marchés publics,

7-le délit de favoritisme dans la passation des marchés publics,

8-la corruption,

9-le blanchiment d'argent,

10-le délit d'initié.

Pour les autres infractions, l'article 609 nous renvoie aux incriminations définies par le code de commerce, par le code des impôts, le code des douanes, le code des marchés publics, la loi des finances et de la comptabilité publique.

Il est aisé de constater que le législateur a voulu par ce moyen retenir toutes les infractions véritablement économiques et financières.

Cependant, la loi pénale étant d'interprétation stricte, l'article 609 du Code de Procédure Pénale n'ayant pas cité expressément les dispositions de l'Acte Uniforme OHADA relatif au Droit des Sociétés Commerciales et du Groupement d'Intérêt Economique, quel peut être le sort réservé au groupe d'articles 886 à 905 de ce texte ?

Nous pensons pour notre part qu'il faudra envisager une relecture de *l'article 609 du Code de Procédure Pénale* dans le sens d'une adaptation aux textes de l'OHADA susvisés et spécifier davantage les incriminations.

En tout état de cause, l'œuvre déjà réalisée est une avancée qu'il faudra simplement améliorer.

De la réforme du Pôle économique et financier.

La Loi N°01-080 du 20 Août 2001 avait créé auprès des Tribunaux de Première Instance de la Commune III de Kayes et Mopti une juridiction spécialisée appelée Pôle Economique et Financier). Après dix (10) ans de pratique judiciaire, ce format a montré ses limites comme nous l'avions indiqué. Aussi depuis quelques années les services du Ministère de la Justice ont entamé une grande réforme pour adapter la lutte contre la délinquance économique et financière et le financement du terrorisme aux normes internationales et à l'évolution de cette délinquance.

En 2021 sont intervenues deux lois, la loi N°2021-050 du 29 Septembre 2021 portant modification de la loi 2011-037 du 15 Juillet 2011 portant organisation judiciaire et la loi 2021-051 du 29 Septembre

2021 portant modification de la loi N°01-080 du 20 Août 2021, modifiée portant Code de Procédure Pénale.

1-La loi N°2021-050 du 29 Septembre 2021

En vue de centraliser la lutte contre la délinquance financière pour rendre plus visible et efficace notre politique criminelle le gouvernement de la Transition a initié un projet de loi, adopté par le Conseil National de Transition (CNT) le 29 Septembre 2021.

Cette loi qui comporte 2 articles a modifié les articles 10, 17, 26, 29, 32 et 34 de la loi portant organisation judiciaire au Mali.

Aussi la nouvelle loi institue auprès du Tribunal de Grande Instance de la Commune III du District de Bamako un procureur spécial appelé Procureur financier assisté d'un ou de plusieurs Substituts financiers.

Ce parquet spécialisé a une compétence nationale pour la poursuite de toutes les infractions visées à l'article 609 nouveau (le Procureur financier exerce au sein de son parquet toutes les attributions exercées par un Procureur près un Tribunal de Grande Instance (cf : article 34 nouveau du Code de Procédure Pénale (CCP).

Auprès du Procureur financier il est créé une Brigade d'investigation spécialisée de lutte contre la délinquance économique et financière, ayant une compétence nationale pour l'enquête préliminaire des affaires relatives à la corruption, à l'enrichissement illicite, aux infractions économiques et financières.

Le Procureur est assisté en outre d'assistants spécialisés en matière économique et financière, fiscale et douanière. Ces assistants spécialisés au besoin assistent les juges d'instruction du Pôle Economique et Financier dans le partage de leur expertise.

Il a été institué au niveau du siège du Tribunal de Grande Instance de la Commune III au moins 3 juges chargés des chambres spécialisées et au moins 6 juges d'instruction chargés des Cabinets spécialisés en matière économique et financière, aussi qu'une chambre correctionnelle spécialisée en matière économique et financière.

Au niveau de la Cour d'Appel de Bamako a été prévue en plus des Chambres Ordinaires, une chambre correctionnelle spécialisée et compétente pour juger les infractions prévues à l'article 609 nouveau du Code de Procédure Pénale.

Au sein du Parquet Général de la Cour d'Appel de Bamako, la nouvelle loi a prévu que le Procureur Général désigne au moins 2 magistrats du parquet général chargés spécialement du suivi et du traitement des affaires relatives aux infractions économiques et financières visées à l'article 609 nouveau du Code de Procédure Pénale.

Outre la Chambre Correctionnelle spécialisée de la Cour d'Appel de Bamako compétente pour connaître les appels des décisions rendues par le Tribunal Correctionnel spécialisé de la Commune II du District de Bamako dans les affaires en matière de corruption et délinquance économique et financière, la loi N°2021-051 du 29 Septembre 2021 a institué la Cour d'Assises spécialisée de Bamako qui reste seule compétente pour juger les crimes et délits connexes relatifs aux affaires de corruption, infractions économiques et financières, enrichissement illicite,…

Cette Cour d'Assises est composée d'un Président, de quatre Conseillers et d'un greffier.

Contrairement à la Cour d'Assises ordinaire composée de trois magistrats et quatre assesseurs, le législateur a voulu d'une Cour d'Assises uniquement composée de magistrats professionnels, seuls responsabilisés dans la distribution de la justice en cette matière.

2-La loi N°2021-051 du 29 Septembre 2021 portant modification de la loi N°01-080 du 20 Août 2002 modifiée, portant Code de Procédure Pénale.

Cette loi présentée comme loi plus sévère a pris en compte et élargie la liste des infractions considérées comme infractions économiques et financière dont les auteurs sont susceptibles d'être poursuivis par le parquet spécialisé du Tribunal de Grande Instance de la Commune III du District de Bamako.

- Aussi le nouvel article 609 se présente ainsi:

Les infractions prévues :

a) Aux articles 98 à 101 ; 102 à 105 ; 106 et 107 ; 108 et 109 ; 110 et 111 ; 112 à 119 ; 120 à 123 ; 301 à 303 du Code pénal ainsi que les infractions définies par le Code de Commerce et les actes uniformes de l'Organisation pour l'Harmonisation en Afrique du Droit des Affaires, les infractions prévues et punies par le Code général des Impôts et le Livre de procédures fiscales, le Code des Douanes, le Code des Marchés publics et des délégations de service public, la loi uniforme relative à la répression des infractions en matière de chèques, de cartes bancaires et d'autres instruments et procédés électroniques de paiement, la loi uniforme portant sur le contentieux des infractions à la réglementation des relations financières extérieures des Etats membres de l'Union Monétaire Ouest Africaine, la loi uniforme relative à la répression du faux monnayage et des autres atteintes aux signes monétaires dans les Etats membres de l'Union Monétaire Ouest Africaine, la loi relative aux pratiques commerciales frauduleuses, la loi portant organisation de la concurrence, la loi sur la Prévention et Répression de l'Enrichissement illicite, les infractions prévues par la loi uniforme relative à la lutte contre le blanchiment de capitaux et le financement du terrorisme à l'exclusion de celles relatives au financement du terrorisme ;

b) Par la loi portant répression de la cybercriminalité, la loi domaniale et foncière, le code minier et la loi électorale dans la mesure où elles concernent la délinquance économique et financière,

Toutes ces infractions sont poursuivies, instruites et jugées selon les dispositions du Code de Procédure pénale, sous réserve des dispositions ci-dessus.

Par dérogation aux articles 9 à 11 du Code de Procédure Pénale et sans préjudice des dispositions prévues aux alinéas précédents du présent article, le délai de prescription de l'action publique des infractions visées aux alinéas précédents, lorsque celles-ci sont occultes ou dissimulées, est porté à six ans pour les délits et vingt ans pour les crimes à compter du jour ou l'infraction est apparue ou a pu être constatée dans des conditions permettant la mise en mouvement ou l'exercice de l'action publique.

Est occulte, l'infraction qui, en raison de ses éléments constitutifs, ne peut être connue ni de la victime ni de l'autorité judiciaire.

Est dissimulée, l'infraction dont l'auteur accomplit délibérément toute manœuvre caractérisée tendant à en empêcher la découverte.

Cette loi a institué à l'article 612-2 un régime spécial de saisie et de confiscation tant à la phase de l'enquête préliminaire qu'au stade de l'instruction préparatoire, afin de garantir l'exécution des peines complémentaires de confiscation des biens en application de l'article 9 du code pénal.

L'article 612-2-26 de la loi a prévu outre les saisies et confiscations mais le gel des avoirs en ces termes « Le juge d'instruction peut, d'office ou à la demande de la partie civile ou du Ministère public, ordonner des saisies, gels ou toutes autres mesures conservatoires sur les biens de l'inculpé et tout autre bien en sa possession et provenant d'infractions économiques et financières visées à l'article 612-2-2 sans préjudice des textes particuliers qui prévoient la saisie ou le gel des avoirs.

Le juge d'instruction peut d'office, sur requête du Procureur de la République financier, dans les conditions et selon les modalités prévues à l'alinéa précédent, ordonner des mesures conservatoires sur les biens meubles ou immeubles, divis ou indivis, de la personne inculpée afin de garantir le paiement des amendes encourues ainsi que le cas échéant, l'indemnisation des victimes.

La condamnation vaut validation des mesures conservatoires et permet l'inscription définitive des sûretés.

Comme l'on constate aisément, la nouvelle loi s'inspirant des instruments internationaux de lutte contre le terrorisme et le financement du terrorisme, la corruption, le blanchiment des capitaux, l'enrichissement illicite n'a voulu laisser aucune marge aux délinquants financiers, délinquants à col blanc. Cette politique criminelle semble davantage s'intéresser plus au portefeuille du délinquant qu'à sa personne physique.

Elle permet aux Etats, de récupérer le maximum de fonds détournés pour exécuter les divers programmes de développement économiques, sociaux et culturels.

VIII
LE BLANCHIMENT DES CAPITAUX

Comme nous l'avons précédemment annoncé, le Mali, à l'instar de tous les autres Etats est parti à l'assaut de cette nouvelle forme de délinquance qui, si on n'y prend garde, risque de compromettre dangereusement notre fragile espoir de développement.

L'article 609 dans la longue liste des infractions économiques et financières énonce le blanchiment d'argent. L'article 298 du nouveau code pénal définit le blanchiment d'argent comme « *l'opération consistant à la conversion ou au transfert de biens dans le but de dissimuler ou de déguiser l'origine illicite des dits biens.* »

Aussi, le code pénal en son article 299 punit de peines criminelles (5 à 10 ans de réclusion et amende allant de 5 à 50 millions de francs) les auteurs de blanchiment ainsi que les personnes qui les aideront à échapper aux conséquences juridiques des actes posés et celles qui utiliseront le produit desdits biens en sachant leur origine frauduleuse.

A – Le blanchiment d'argent

Historiquement, on considère Al Capone (à la tête du syndicat du crime aux Etats Unis d'Amérique) comme étant le père du blanchiment d'argent.

Il a imaginé le recyclage de l'argent provenant du crime organisé en mettant en place des sociétés de laverie. Ce qui explique encore aujourd'hui que les spécialistes en parlant des trois étapes du blanchiment empruntent le vocabulaire de cette activité, il s'agit :

- du placement ou prélavage,
- de l'empilement ou le lavage,
- du recyclage ou l'essorage.

L'argent sale est en général celui qui provient des activités délictuelles ou criminelles (drogue, prostitution, hold-up, jeux prohibés, corruption, trafics, détournement de deniers publics, détournement des fonds d'aide et de coopération, trafics d'enfants, trafics de femmes, fraude fiscale, etc.…).

Comment s'opère le blanchiment de l'argent ?

Sans en faire une étude exhaustive, nous nous limiterons à un bref aperçu du processus du blanchiment d'argent qui évolue en trois étapes :

1-le placement ou prélavage

C'est le placement de l'argent sale dans le commerce de détail (création de plusieurs petits commerces, de vente de glace, de pâtisserie, vente de ciment, opérations immobilières ;...).

Il peut s'agir de l'orientation de l'argent sale vers l'extérieur spécialement vers les paradis fiscaux où le contrôle n'est pas rigoureux sur l'origine des fonds (Suisse, Monaco, New Jersey, Caraïbes, Ile Maurice, Andores,...).

2-le lavage ou l'empilement

Le lavage consiste pour les auteurs à utiliser des techniques pour empêcher de remonter l'origine frauduleuse. Il s'agit de couper tous les liens et faire disparaître les traces en mettant toutes sortes d'obstacles (multiplication d'intermédiaires, exportation frauduleuse de fonds, recours aux passeurs,...). A cette phase jouent un rôle déterminant les paradis fiscaux, les sociétés offshore, les casinos et les maisons de jeux.

L'exemple le plus simple à comprendre est celui de Monsieur X qui vient au casino avec 30 millions FCFA issus de la vente de drogue. Il joue, il perd 18 millions mais gagne 12 millions. Le casino lui remet à la sortie un chèque de 12 millions F qu'il peut toucher le lendemain auprès d'une banque. Monsieur X a su recycler l'argent sale. Le taux de perte acceptable dans le blanchiment d'argent étant de 60%. Il est aisé de constater que Monsieur X a fait une bonne affaire.

3-le recyclage

C'est la 3ème étape du processus de blanchiment. Il s'agit de replacer l'argent lavé dans le circuit de l'économie classique telles les opérations immobilières, placements en bourses, création de PME etc.

Il est évident que ce schéma est caricatural. Il permet simplement de comprendre le processus du blanchiment. En réalité les choses sont plus raffinées, plus sophistiquées.

Nous développerons ultérieurement les différentes techniques utilisées pour le blanchiment d'argent.

Nous parlerons des paradis fiscaux, des sociétés offshores et du dispositif de lutte contre le blanchiment.

Nous devrons nous convaincre que c'est en cherchant à connaître mieux ce phénomène que nous parviendrons à traquer les délinquants et à mieux protéger notre économie et notre société.

Selon les données du FMI, le volume d'intégration de l'argent sale représente 2 à 7% du PIB mondial soit environ 900.000 milliards CFA ; cela pour vous dire l'ampleur du phénomène du blanchiment d'argent.

Comme nous l'avons déjà annoncé, les paradis fiscaux sont au centre du recyclage de l'argent sale.

Après la crise mondiale de 1920, les pays d'Europe pour relancer leur économie ont mis en place un système de paiement d'impôts directs sur les personnes, les sociétés et les fortunes.

Certains Etats ont imaginé un autre système plus incitatif pour les opérateurs économiques qui cherchaient à sécuriser leur fortune en la mettant à l'abri d'une administration fiscale trop regardante, d'une fiscalité peu rassurante.

Le 16 mai 2000, à Bale, le forum de stabilité financière (FSPF) émanation du G7 regroupant les pays les plus industrialisés a classé en trois groupes 42 paradis fiscaux.

-La Suisse, le Luxembourg, Dublin, Jersey, Guernesey et l'Ile Maurice appartiennent au premier groupe, ceux dont « les autorités sont considérées comme coopératives ».

-Le 2ème groupe comprend neuf centres tels Andorre, Gibraltar, Monaco dont le système de surveillance et de contrôle sont jugés insuffisants par le G7, l'OCDE et le GAFI (groupe d'action financière internationale sur le blanchiment de capitaux).

-le 3ème groupe réunit 25 paradis fiscaux jugés « non coopératifs » et donc à éliminer avant décembre 2010. Ce sont les centres comme Antigua, les Iles vierges, Panama et le Liechtenstein.

Les paradis fiscaux en raison du préjudice qu'ils causent à l'économie mondiale et au principe de la libre concurrence sont dans le collimateur des organisations financières mondiales telles le FMI et la Banque mondiale notamment dans leur action contre le détournement des fonds d'aide et de coopération.

Les paradis fiscaux continuent cependant d'être très attractifs à cause de leur fiscalité très allégée, de la stabilité politique qui y règne, de la facilité pour la constitution de sociétés, de la présence de banques de renom, de la présence d'une législation qui protège le secret des affaires et le secret bancaire ainsi que la présence d'un réseau de communication et de télécommunication moderne et adapté.

Dans ces centres ou micro Etat, les dirigeants politiques sont peu regardant des affaires privées. Ces paradis fiscaux ont permis également dans l'environnement économique la création des sociétés offshores et des sociétés écran qui deviendront de véritables relais pour le recyclage de l'argent sale.

La société offshore

La société offshore est logée dans ce qu'on appelle les centres offshore, qui en réalité, correspondent à ces zones de « non droit commun ». On les reconnaît par six critères :

1-la société n'a aucune relation avec le tissu économique du pays qui l'abrite. Le pays site ne peut exercer aucun contrôle sur ladite société.

2-la direction et le centre de décision ne se trouvent jamais dans le pays site. Il n'y a que des gérants ou mandataires qui ignorent généralement l'identité des vrais décideurs.

3-la pression fiscale est très faible.

4-le secret professionnel et bancaire est assuré à la société.

5-l'absence de règles en matière d'identification des clients et de conservation des archives.

6-l'inexistence d'accords de coopération judiciaire entre le centre site et le pays tiers.

Les sociétés écran

Les auteurs de blanchiment d'argent peuvent avoir recours également aux sociétés écran ou société de façade pour maquiller leur activité délictuelle. Le GAFI et TRACFIN, organisations de lutte contre le blanchiment ont répertorié quatre types de société écran :

1-les sociétés de façade : (supermarchés, sociétés de vente de détail, bars, restaurants, casinos…).

2-les sociétés fantômes :

Ce sont des sociétés qui n'ont aucune existence physique ; sociétés qui n'existent que sur papier à entête, sur cartes de visite ou sur sites Internet, etc.

3-les sociétés dites de domicile :

Ce sont des sociétés qui servent à masquer les transferts de fonds et de biens, ce sont les bureaux de change, etc.

4-les sociétés prêtes à l'emploi ou société en rayons :

Ce sont des sociétés créées sur papier et qui dorment dans le tiroir des avocats et des notaires ; des sociétés prêtes à être vendues aux trafiquants qui cherchent une couverture, société dont la durée de vie est souvent liée à une seule opération.

Le Mali, membre de l'UEMOA (Union Monétaire Ouest Africaine) et du GIABA (Groupe Intergouvernemental d'Action Contre le Blanchiment de l'Argent en Afrique) a mis en place sa CENTIF (Cellule Nationale de Traitement des Informations Financières). Cette cellule a besoin d'être redynamisée pour véritablement traquer les délinquants financiers et leurs complices.

Pour cela nous devons nous inspirer du programme FMI, de celui du GAFI mais surtout le dispositif français appelé TRACFIN, dont s'inspire fortement le récent Règlement UEMOA sur le blanchiment des capitaux.

TRACFIN est une cellule de traitement des renseignements contre le financement clandestin. Ce dispositif opérationnel depuis 1996 permet de mettre en place un système d'information pouvant permettre de traquer les dépôts et le mouvement suspect des fonds. Il se manifeste par l'obligation par les banques et tous ceux qui manipulent à titre professionnel de l'argent, de déclarer tout dépôt ou transfert suspect d'argent. C'est la célèbre déclaration de soupçon qui est venue ouvrir une brèche dans la forteresse du secret bancaire. Cette déclaration est faite à TRACFIN qui traite l'information et informe le cas échéant les services de poursuite, notamment les pôles économiques et financiers et la brigade financière.

En France TRACFIN a été doté de moyens juridiques pouvant faire engager des poursuites contre les Banques ou Institutions financières qui « oublieraient » de faire la déclaration de soupçon en cas de dépôt ou de transfert suspect.

Ces dispositifs resteront pour nous des repères que nous pourrons toujours adapter à nos propres réalités économiques et institutionnelles.

Encore une fois, parler de ces choses (blanchiment d'argent, paradis fiscaux, sociétés offshore) comme nous venons de le faire ne relève pas d'un quelconque esprit savant. Nous vivons certainement ces activités infractionnelles chez nous. Ces fortunes miraculeuses doivent nous effrayer et nous inviter à plus de vigilance. La mondialisation n'est pas que dans l'économie, elle peut être aussi dans le recyclage de l'argent sale. Les Etats qui ne seront pas au diapason de la lutte resteront des marchés totalement exposés à ces nouvelles formes de délinquance.

B - La législation communautaire de l'UEMOA sur le blanchiment des capitaux

Afin de prévenir l'utilisation des circuits économiques, financiers et bancaires de l'Union à des fins de recyclage de capitaux ou de tous autres biens d'origine illicite, les Etats membres de l'Union Economique et Monétaire Ouest Africaine (UEMOA) prenant conscience des menaces graves de ce phénomène ont élaboré une législation contre le blanchiment d'argent.

Il s'agit de la Directive n°07/2002 du 19 septembre 2002 adoptée à Cotonou par le Conseil des Ministres de l'UEMOA. La Directive est relative à la lutte contre le blanchiment de capitaux. Il faut préciser qu'au Mali, l'article 609 du code de procédure pénale énonce dans la longue liste des infractions économiques et financières le blanchiment d'argent prévu à l'article 298 du nouveau code pénal (loi n°01-179 du 20 août 2001). Le code pénal du Mali définit le blanchiment d'argent comme l'opération consistant en la conversion ou au transfert de biens dans le but de dissimuler ou de déguiser l'origine illicite desdits biens.

Pour sa part, l'article 2 de la directive de l'UEMOA définit le blanchiment des capitaux comme étant :

-la conversion, le transfert ou la manipulation de biens (tous types d'avoir corporels ou incorporels) dont l'auteur sait qu'ils proviennent d'un crime ou d'un délit,

-la dissimulation, le déguisement de la nature, de l'origine, de l'emplacement, de la disposition, du mouvement, de la propriété réelle de biens ou de droits y relatifs dont l'auteur sait qu'ils proviennent d'un crime ou d'un délit,

-l'acquisition, la détention ou l'utilisation de biens dont l'auteur au moment de la réception desdits biens sait qu'ils proviennent d'un crime ou d'un délit.

Il faut préciser que les autres manquements aux prescriptions de la directive peuvent s'analyser comme la connaissance par l'auteur de l'origine illicite des biens.

Nous rappelons qu'historiquement, on considère Al Capone (alors à la tête du syndicat du crime organisé aux USA) comme le père du blanchiment de capitaux. Il a imaginé le recyclage de l'argent provenant du crime en mettant en place des sociétés de laverie. Ce qui explique encore qu'aujourd'hui les spécialistes de la question en parlant des trois étapes du blanchiment empruntent au vocabulaire de cette activité.

Comme nous l'avons évoqué plus haut, l'argent sale est en général celui qui provient des activités criminelles ou délictuelles telles la drogue, la prostitution, le hold up, les jeux prohibés, la corruption, les trafics, le détournement des fonds d'aide et de coopération.

Le blanchiment s'opère toujours en trois (3) étapes, à savoir :

1-le placement ou prélavage

2-le lavage ou l'empilement

3-le recyclage ou l'essorage

Il faut une réglementation plus rigoureuse pour surveiller la circulation des biens. C'est sur cette voie que s'est engagée l'UEMOA en se fondant et en s'inspirant de divers instruments internationaux tels :

- la convention des Nations Unies contre le trafic illicite de stupéfiants et de substances psychotropes adoptée à Vienne le 19 décembre 1988,

- la convention du Conseil de l'Europe du 8 décembre 1990 relative au blanchiment et au dépistage,

- la déclaration de Bâle de 1988 formulée par le comité des Règles et pratiques de contrôle des opérations bancaires de la Banque des règlements internationaux (BRI).

L'UEMOA s'est aussi inspirée des recommandations du Groupe d'actions financières sur le blanchiment des capitaux (GAFI) créé en 1989 au Sommet du G7 à Paris par les pays de l'OCDE (Organisation de Coopération pour le Développement Economique).

Le règlement UEMOA de lutte contre le blanchiment de capitaux constitue une grande avancée. Il permet d'assurer :

1-la prévention : il s'agit de la création par la CEDEAO du GIABA (Groupe Intergouvernemental d'Action contre le Blanchiment de l'Argent en Afrique) dont les organes ont été mis en place à Bamako en décembre 2000 lors de la 24ème session des chefs d'Etats et de gouvernements de la CEDEAO.

2-la détection du blanchiment notamment par la mise en place au niveau de chaque Etat membre de l'UEMOA d'une Cellule Nationale de

Traitement des Informations Financières, genre TRACFIN en France. Cette cellule appelée CENTIF est une structure permanente, dans tous les Etats membres du GIABA – la CENTIF est rattachée au Ministère en charge de l'Economie et des Finances.

3-la répression : La directive veille à la prise en charge par les Etats-parties de lois nationales pour la répression des infractions portant blanchiment des capitaux.

L'étude thématique de cette législation communautaire, de notre point de vue, nous permet de dégager quatre idées forces qui sont :

- **premièrement** les organismes financiers assujettis sont placés au cœur de la lutte contre le blanchiment des capitaux,

-**deuxièmement** le secret professionnel, le secret bancaire, force des établissements financiers et bancaires est désormais battu en brèche par l'obligation de la déclaration de soupçon visée à l'article 26 de la directive.

- **troisièmement** l'exigence d'une nécessaire collaboration entre :

  1 les administrations financières (douanes, finances, trésor, impôts, banques),

  2 les autorités de recherche (magistrats spécialisés dans les questions financières, officiers de police judiciaire, chargés d'enquêtes douanières, etc.),

  3 les autorités de répression (pôles économiques et financiers) chargés de lutter contre la délinquance financière,

- **quatrièmement** la nécessaire collaboration des services et institutions financières de lutte contre le blanchiment sur le plan sous régional et international. La participation active des Etats africains au réseau international de lutte contre le blanchiment de l'argent et le financement du terrorisme.

Les organismes financiers

Aux termes de la directive, ce sont des professionnels, personnes physiques ou personnes morales qui, dans le cadre de leur profession, contractent, conseillent, réalisent les opérations portant sur l'argent et les biens.

Qui sont ces organismes, ces personnes assujetties au terme de la Directive ?

Ce sont :

1. les banques et établissements financiers ;
2. les services financiers des postes ;
3. les caisses de dépôts et de consignations ;
4. les sociétés d'assurance et de réassurance ;
5. les courtiers d'assurance et de réassurance ;
6. les institutions mutualistes ou coopératives d'épargnes et de crédits ;
7. la bourse régionale des valeurs mobilières, le dépositaire central / banque de règlement ;
8. les sociétés de gestion et d'intermédiation ;
9. les organismes de placement collectif en valeurs mobilières ;
10. les agréés de change manuel ;
11. les notaires ;
12. les apporteurs d'affaires aux organismes financiers ;
13. les commissaires aux comptes ;
14. les agences immobilières ;
15. les marchands d'articles de grande valeur (objets d'art, pièces et métaux précieux) ;
16. les transporteurs de fonds ;
17. les gérants, propriétaires de casinos et d'établissement de jeux y compris les loteries nationales ;
18. les agences de voyage.

Ces opérateurs du secteur économique et financier sont au centre de la lutte contre le blanchiment. Ainsi ils sont soumis dans leurs activités à des obligations légales supplémentaires dans la surveillance du mouvement de l'argent et des biens de façon générale.

Au terme de la Directive ces obligations sont au nombre de deux :

-Première obligation :

Les opérateurs du secteur économique ont obligation de s'assurer de l'identité de toutes les personnes (morales ou physiques) avec lesquelles ils établissent des relations d'affaires.

Dans la pratique, la vérification de l'identité d'une personne physique est opérée par la présentation d'une pièce d'identité nationale en cours de validité et comportant une photographie. La vérification de son adresse professionnelle et domiciliaire est effectuée par la présentation de tout document de nature à en apporter la preuve.

S'agissant d'une personne morale, par exemple une société commerciale, il s'agit d'exiger de fournir en outre toutes les pièces attestant de son inscription au registre de commerce et du crédit mobilier ;

- deuxième obligation :

Après vérification, si le doute persiste sur l'identité ou la nature de l'opération, l'organisme financier a l'obligation de faire la déclaration de soupçon auprès de la Cellule Nationale de Traitement des Informations Financières (CENTIF) cf. articles 26 et 27.

Ainsi, il apparaît à l'article 10 de la Directive que certaines opérations lorsqu'elles sont réalisées par des clients doivent faire l'objet de surveillances particulières, Il s'agit de :

- -tout paiement en espèces ou par titre au porteur d'une somme d'argent effectué dans des conditions normales dont le montant unitaire ou total est égal ou supérieur à 50.000.000 FCFA (cinquante millions). L'alerte est à 5.000.000 F (cinq millions) lorsqu'il s'agira d'un client occasionnel,

- -toute opération portant sur une somme égale ou supérieure à dix millions (10.000.000 F) de francs effectuée dans des conditions inhabituelles et/ou ne paraissant pas avoir de justification économique ou d'objet licite doit être déclarée à la Cellule.

Dans ces divers cas, le banquier qui reçoit ces sommes, ces valeurs mobilières ou ces biens, le banquier est tenu de se renseigner auprès du client qui reçoit ou par tout autre moyen sur l'origine et la destination, sur l'objet de la transaction et l'identité des personnes concernées.

Il faut préciser qu'au terme de l'article 37, des sanctions pénales seraient applicables contre les organismes financiers qui auront négligé de vérifier l'identité de leur client ou qui auront omis de procéder à la déclaration de soupçon prévue à l'article 26 toutes les fois que les circonstances les amèneraient à déduire que les sommes d'argent pourraient provenir d'un fait de blanchiment de capitaux.

Comme nous l'avions annoncé, ce système de dénonciation met en péril la citadelle naguère imprenable à savoir : **la confidentialité des transactions et le secret bancaire.**

IX

LE SECRET BANCAIRE A L'EPREUVE DE LA LUTTE CONTRE LE BLANCHIMENT DES CAPITAUX

Il nous a été toujours dit que la Suisse a construit son économie sur le système bancaire et que la force de ce système se trouve dans la protection des épargnants par l'instauration **d'un secret bancaire intégral.**

Les récents assouplissements apportés au secret bancaire suisse restent timides de l'avis des institutions financières internationales et des organisations de lutte contre le blanchiment des capitaux et le financement du terrorisme.

Dans l'espace UEMOA, le principe du secret bancaire est consacré par l'article 19 de la Loi portant Règlement Bancaire communément appelée Loi Bancaire. Cet article dispose que : « les personnes qui concourent à la direction, à l'administration, à la gérance, au contrôle ou au fonctionnement des banques et des établissements financiers *sont tenues au secret professionnel* sous réserve des dispositions de l'article 42, dernier paragraphe. *Il est interdit* aux mêmes personnes d'utiliser les informations confidentielles dont elles ont connaissance dans le cadre de leur activité pour réaliser directement des opérations pour leur compte ou en faire bénéficier d'autres personnes ».

Traditionnellement, le secret bancaire est levé à la réquisition des autorités judiciaires agissant dans le cadre soit d'une procédure pénale, soit dans le cadre d'une procédure civile. Dans le dernier cas, le juge peut, soit par simple ordonnance, soit par un jugement avant dire droit, prescrire la mesure de levée du secret professionnel.

A cette autorité traditionnelle à laquelle on ne peut opposer le secret professionnel, l'article 42 de la loi bancaire, dérogatoire du principe, présente d'autres autorités auxquelles le secret professionnel n'est pas opposable. Il s'agit de la Banque Centrale et de la Commission Bancaire. Ces autorités monétaires peuvent requérir des banques et des établissements financiers tous renseignements, tous documents, tout éclaircissement, toutes justifications qu'elles estiment nécessaires pour exercer leurs prérogatives ou pour accomplir leur mission. L'article 42 in fine déclare d'ailleurs de façon péremptoire : « *le secret professionnel n'est pas opposable ni à la commission bancaire ni à la banque centrale ni à l'autorité judiciaire agissant dans le cadre d'une procédure pénale* ».

L'analyse de cette réglementation permet de dire que dans le principe, le secret professionnel est consacré par la loi bancaire.

La déclaration de soupçon

Toute cette belle construction fondée sur le secret bancaire intégral, qui fait la force des banques et établissements financiers vient d'être ébranlée par le texte relatif à la lutte contre le blanchiment de capitaux dans les Etats membres de l'UEMOA. Il s'agit de la directive n°07/2002/CM du 19 septembre 2002. Ce texte dispose à l'article 26 de la Directive que les personnes physiques ou morales visées à l'article 5 de la Directive ont l'obligation de déclarer sans délai à la Cellule Nationale de Traitement des Informations Financières (CENTIF) :

- Les sommes d'argent et tous autres biens en leur possession lorsque ceux-ci pourraient provenir de blanchiment de capitaux,
- toutes opérations suspectes,
- toutes sommes d'argent ou tous autres biens, en leur possession lorsque ces fonds et ces biens sont suspectés d'être destinés au financement du terrorisme, ou provenir d'activités en rapport avec le blanchiment d'argent.

Les préposés de ces établissements sont tenus d'informer immédiatement leurs dirigeants de ces mêmes opérations dès qu'ils en ont connaissance. C'est la célèbre « Déclaration de Soupçon » conçue et appliquée par le GAFI (Groupe d'Action Financière) dans la lutte contre le blanchiment des capitaux - Sommet du G7 à Paris 1989 -.

Comme nous l'avons écrit précédemment, tout dépôt ou tout retrait d'un montant égal ou supérieur à 50 millions doit être dénoncé à la Cellule. Toute opération faite par un client occasionnel dont l'origine paraît suspecte doit être dénoncée à la CENTIF. Le texte encourage même la violation du secret en déclarant à l'article 30 : « les personnes ou les dirigeants et préposés des personnes visées à l'article 5 qui, de bonne foi, ont transmis des informations ou effectué toute déclaration, sont exempts de toute sanction pour violation de secret professionnel… ». Le texte va plus loin en déclarant (article 30 in fine) que lorsque vous dénoncez une opération conformément aux dispositions de la Directive UEMOA, si après vérification ou enquête, le caractère délictueux de l'opération n'est pas prouvé ou s'il y a eu poursuites pénales, pour autant on ne saurait vous poursuivre ni pénalement ni civilement pour le dommage matériel ou moral subi par la personne dénoncée à la Cellule. L'article 31 a conçu un régime de responsabilité du fait d'autrui qui substitue la responsabilité de l'Etat à celle de l'auteur de la déclaration de soupçon.

La déclaration de soupçon se trouve davantage renforcée par l'article 37 de la Directive qui a prévu que pour l'incrimination des personnes physiques ou morales visées à l'article 5 (qui, entre autres, auront omis de procéder à la déclaration de soupçon prévue à l'article 26 alors que les circonstances amenaient à déduire que les sommes d'argent pouvaient provenir d'un fait de blanchiment), la simple négligence (non intentionnelle) peut donner lieu à des poursuites pénales et à des réparations civiles.

Lorsque la CENTIF se sera rendue compte de ces manquements, elle avise le Procureur de la République qui engage des poursuites.

Il faut préciser que dans les cas de déclaration de soupçon, la CENTIF veille à assurer la confidentialité des informations et l'identité de l'auteur de la déclaration ne doit nullement figurer dans son rapport.

Comme nous pouvons aisément le constater, l'article 26 de la Directive n°07/2002 UEMOA vient d'ouvrir une brèche dans la construction du secret bancaire conçue par la Loi Bancaire en son article 19. /.

X

LES DELITS DE PRESSE

L'avènement en 1991 de la démocratie au Mali a concouru de façon notable au renforcement de la liberté d'expression, de la liberté de presse.

La loi fondamentale du 25 Février 1992 portant Constitution du Mali a consacré dans son article 7 que « la liberté de presse est garantie et reconnue ; elle s'exerce dans les conditions fixées par la loi,… ». Elle a proclamé l'égal accès de tous les citoyens aux médias d'Etat dont la mise en œuvre sera assurée par un organe indépendant. Il s'agit du Comité d'égal accès aux médias d'Etat.

La presse en raison du rôle qu'elle joue dans l'information des lecteurs et auditeurs, dans la formation de l'opinion, peut souvent se révéler très dangereuse pour la démocratie dont elle constitue le meilleur repère. Aussi il a été convenu qu'il fallait davantage la rendre plus indépendante, mais que cette indépendance devrait s'accompagner de plus de responsabilité.

Le 24 Décembre 1992, la nouvelle Assemblée Nationale version ère démocratique a voté la Loi N° 92 –O3 ANRM portant Régime de la presse et délits de presse.

Il faut attendre l'an 2000 pour voir cette loi modifiée par celle qui organise ou régente (pour certain) aujourd'hui la presse, c'est la loi N°O46 du 7Juillet 2000, portant elle aussi régime de la presse et délits de la presse.

Depuis un certain temps nous assistons à des empoignades devant la justice entre citoyens et organes de presse, même entre certaines institutions et la presse.

Pour peu que nous soyons « journaliste amateur » il nous viendra à l'idée des titres « à la une » du genre : « la presse face à ses responsabilités, ou « la presse au prétoire face à la justice » ou « quelle déontologie pour notre presse».

C'est pour tenter d'apporter un éclairage à ces interrogations que nous porterons notre exposé sur les chapitres VI et VII de la loi sur la presse

Le chapitre VI traite : « des crimes et délits pouvant être commis par voie de presse ou par tout autre moyen de publication. »

Ainsi les articles 33 et 34 punit de trois à cinq ans d'emprisonnement et de 50.000 à 150.000F d'amende ceux qui, soit par des discours, cris ou menaces proférés dans les lieux ou réunions, soit par des écrits, imprimés vendus ou distribués par tous autres moyens de diffusions offerts par les organes médiatiques, auront incité le ou les auteurs à commettre les délits ou crimes, contre les personnes, les biens ou la sûreté intérieure de l'Etat.

L'article 36 prévoit que l'offense par les mêmes moyens de diffusion à la personne du Chef de l'Etat du Mali est punie de 3mois à 1an d'emprisonnement et d'une amende de 50.000 à 600.000F ou de l'une de ses deux peines seulement, c'est-à-dire que le juge a la faculté de condamner soit à la peine d'emprisonnement plus une amende ou seulement à l'amende simple.

La section 3 du chapitre VI qui traite des délits contre les personnes nous ramène au centre du débat. C'est la poursuite en justice pour diffamation ou pour injures publiques, l'injure non publique étant considérée par le code pénal comme une contravention de simple police.

La loi définie la diffamation comme une allégation ou imputation qui porte atteinte à l'honneur ou à la considération de la personne ou du corps auquel cette personne appartient.

L'article 38 dispose que la publication directe ou par voie de reproduction d'une allégation ou imputation qui porte atteinte à l'honneur et à la considération d'une personne est punissable même si elle est faite sous forme dubitative (forme voilée) ou si elle vise une personne ou un corps non expressément nommés, mais dont l'indentification est rendue possible par les termes du discours, des écrits, ou imprimés.

L'injure quant à elle se définie comme tout terme de mépris ou invective qui ne renferme l'imputation d'aucun fait. Il s'agit de l'injure publique c'est-à-dire celle faite par discours, écris, menaces, proférée dans les lieux ou réunion ou par publication directe ou par voie de reproduction.

L'injure généralement ne se rapporte pas nécessairement à un fait précis, exemple : « Monsieur Diallo est un vrai salaud. »

La diffamation au contraire renferme toujours l'imputation d'un fait ; par exemple un titre du genre : « Vaste trafic de devises à l'Aéroport de Bamako, le chef de la police suspecté… ».

Nous allons développer les conditions dans lesquelles les délits de presse sont poursuivis, ainsi que la procédure spéciale prévue par la loi pour les poursuites. Quelle peut être la responsabilité pénale des Directeurs d'Organes médiatiques audiovisuels, des Editeurs et des imprimeurs.

Les plaintes dirigées contre les organes de presse se focalisent généralement autour de deux infractions : la diffamation et ou l'injure publique.

A ces deux infractions il faudra ajouter :

- la publication ou la diffusion sans autorisation de justice, des actes d'accusation, les actes ou pièces de procédures pénales avant qu'ils aient été lus en audience publique,

- la publication ou le compte rendu des audiences mettant en cause des mineurs délinquants.

S'agissant de faits de diffamation ou d'injures, il apparaît à la lecture des articles 39 à 47 de la loi sur les délits de presse que le législateur a voulu protéger outre les particuliers mais également certaines personnes en raison de leur fonction ou de leur qualité ou certains citoyens chargés d'un service ou d'un mandat public.

Il s'agit par exemple du Président de République des membres du gouvernement, des membres des institutions, des membres des Cours et Tribunaux, les forces armées et de Sécurité, les corps constitués, les administrations publiques.

Il ne s'agit pas de privilèges particuliers octroyés à ces personnes mais simplement une protection de la loi contre les attaques injustifiées qui pourront les distraire de l'exercice de leurs charges.

La loi a décidé que la diffamation ou l'injure commise envers les particuliers ou les personnes désignés plus haut, sera punie d'une peine d'emprisonnement de onze jours à six mois et d'une amende de 50.000 à 150.000F, sans préjudice des condamnations au paiement des dommages et intérêts pour le préjudice causé à la personne diffamée ou injuriée.

1 - Quelles sont aux termes de la loi les personnes susceptibles d'être poursuivies pour les délits commis par voie de presse.

Une simple lecture des articles 52 et 53 permet d'éclairer notre lanterne.

L'article 52 dispose : « Dans l'ordre ci- après, sont passibles des peines applicables aux crimes et délits commis par voie de presse :

- les Directeurs des organes médiatiques et audiovisuels,

- les Directeurs de publication ou les éditeurs quelque que soient leur profession ou leur dénomination. Dans le cas prévu à l'article 16 c'est-à-dire lorsque le directeur de publication bénéficie de l'immunité parlementaire, seront poursuivis les codirecteurs de publication et à défaut, les auteurs des faits.

-A défaut des auteurs des faits, les imprimeurs.

-A défaut des imprimeurs, les vendeurs, les distributeurs et afficheurs, … »

L'article 53 va plus loin en décidant que : « lorsque les directeurs d'organes médiatiques audiovisuels ; les directeurs ou codirecteurs de publication ou les éditeurs seront en cause, les auteurs seront poursuivis comme complices …. »

En clair par exemple lorsque sur une radio au cours des débats un invité ou un intervenant fait des déclarations ou imputations réputées diffamatoires ou injurieuses, en cas de poursuites c'est le Directeur de l'organe qui sera poursuivi comme auteur principal et l'auteur des déclarations sera poursuivi comme complice. Il est évident qu'en raison de la criminalité d'emprunt ils encourent les mêmes peines.

Cette vision de la loi est un appel à plus de responsabilités des organes de presse écrite, parlée ou audio-visuelle .L'article 13 rappelle de façon péremptoire que : « le Directeur de publication est responsable du contenu du journal … ». La loi lui fait entre autre l'obligation (article 15) d'exiger des auteurs d'articles non signés, en utilisant un pseudonyme, de lui donner par écrit avant insertion, leur véritable identité.

En plus des peines d'emprisonnement et d'amende qui peuvent être prononcées, la loi décide que les propriétaires des organes médiatiques sont responsables des condamnations pécuniaires, c'est-à-dire qu'ils seront seuls soumis au paiement des dommages intérêts qui seraient prononcés au profit des victimes d'injures ou de diffamation. Lorsqu'il y a poursuite pour injure ou diffamation la loi permet aux personnes poursuivies d'éviter une condamnation en apportant la preuve des faits imputés ou allégués. Il s'agit de faire la preuve que l'intention du journal ou de l'organe audio-visuel n'était pas de nuire, mais d'informer vrai.

Cependant l'article 44 dispose que la vérité des imputations diffamatoires et injurieuse pourra être prouvée sauf dans trois cas :

1) lorsque l'imputation concerne la vie privée de la personne qui a porté plainte ;

2) Lorsque l'imputation réputée diffamatoire ou injurieuse se réfère à des faits qui remontent à plus de 10 ans ;

3) Lorsque l'imputation se réfère à un fait constituant une infraction amnistiée ou prescrite, ou qui a donné lieu à une condamnation effacée par la réhabilitation ou la révision.

Ainsi dans ces cas, même si les faits sont réels, la personne poursuivie ne sera pas admis à apporter la preuve des imputations ou allégations. Seul le retrait de plainte ou le désistement de la victime lui donneront une chance d'échapper à une condamnation certaine.

2 - La procédure en matière de délit de presse

D'une façon générale en raison du caractère spécifique du délit de presse, la loi décide que la poursuite n'aura lieu que sur la plainte de la personne offensée.

Le ministère public ne prend pas l'initiative des poursuites, il est partie jointe au procès. La seule exception à cette position du parquet se trouve dans l'alinéa 6 de l'article 56 : « ….la poursuite pourra être exercée d'office par le ministère public lorsque la diffamation ou l'injure commise envers un groupe de personne appartenant à une race, une région, une religion déterminée aura pour but l'incitation à la haine »

Il s'agit du genre de « l'appel » de la radio mille collines au Rwanda lors du génocide dans ce pays.

Même dans le cas d'offense envers le Chef de l'Etat, le Chef de gouvernement ou en cas d'outrage envers les ministres, la poursuite aura lieu sur demande expresse et écrite adressée au ministre de la justice …

L'intérêt de cette façon de mettre en mouvement l'action publique fait que dans les cas de poursuite sur plainte, le désistement ou retrait de plainte du plaignant arrêtera les poursuites.

Les poursuites sont généralement introduites par la voie de la citation directe devant le tribunal correctionnel conformément à l'article 384 du Code de Procédure Pénale.

Le Tribunal sera tenu de statuer sur le fond, c'est-à-dire juger l'affaire dans un délai maximum d'un mois à compter de la première audience de consignation.

Au-delà de cette date la poursuite pourra être annulée.

La loi a décidé que l'action publique et l'action en réparation (action civile) résultant des crimes, délits, contraventions réputés délit de presse se prescrivent par trois mois révolus à compter du jour où ils auront été commis. C'est-à-dire qu'une personne qui prétend avoir été offensée a trois mois pour porter plainte, passé ce délai elle ne peut plus agir. Elle se verra opposer la forclusion.

En cas de poursuite suite aux réquisitions du parquet, et plus précisément en cas d'ouverture d'une information judiciaire, le juge d'Instruction ne pourra décerner mandat de dépôt lorsque les personnes inculpées sont régulièrement domiciliées au Mali.

La mesure de détention pourra intervenir lorsque les actes posés par l'organe de presse sont de nature à inciter les citoyens à la violence ou à commettre des crimes contre la sûreté intérieure de l'Etat , à inciter les forces armées et de sécurité dans le but de les détourner de leur devoir militaire et l'obéissance à leurs chefs ainsi que l'opposition à l'exécution des lois et règlements de la République.

En dehors de ces cas caractérisés il ne saurait avoir de détention avant jugement.

En cas de jugement, lorsque les faits objets de la poursuite seront établis, les directeurs d'organes médiatiques audio-visuels, les directeurs ou codirecteurs de publication, les éditeurs pourront être condamnés soit à la peine d'emprisonnement de 11 jours à 1an et à l'amende de 50.000 à 150.000F ou à l'une quelconque de ces deux peines. Ils pourront en outre être condamnés aux paiements des dommages intérêts pour le préjudice causés aux plaignants.

En général les personnes qui cherchent à laver leur honneur et leur dignité ne demandent que le franc symbolique au titre des dommages intérêts.

La loi a prévu également des peines complémentaires, telles que la confiscation de l'écrit ou les imprimés, la saisie des films ou bandes, la destruction de tous les exemplaires.

Le Tribunal qui prononce la condamnation peut décider la suspension du journal ou de l'écrit périodique pour une période qui ne peut excéder 3 mois.

La loi a prévu qu'indépendamment des poursuites judiciaires, le Ministre de l'Administration territoriale lorsque la sûreté de l'Etat, ou l'ordre public sont susceptibles d'être sérieusement troublés, peut ordonner la saisie administrative des écrits, imprimés, placards, affiches, filmes ou bandes (article74).

Cette disposition ne doit pas cependant être utilisée par le pouvoir politique pour museler la presse qui doit rester suffisamment libre car c'est cela l'expression de la Constitution du Mali démocratique.

La nouvelle loi N° 2019-056 du 5 décembre 2019 portant répression de la cybercriminalité en raison du développement des réseaux sociaux et les risques qu'ils font courir à notre société semble se révéler plus efficace dans l'encadrement et la moralisation des informations servies à nos populations innocentes et non suffisamment préparées

XI

LES DELITS EN MATIERE DE CIRCULATION ROUTIERE

Nous assistons maintenant depuis quelques années au Mali notamment à Bamako à une recrudescence des accidents de la circulation routière qui, hélas, font chaque jour d'innocentes victimes.

Le contrat de transport qui est par excellence un contrat de résultat tend à devenir de plus en plus un contrat à haut risque.

Les accidents de la circulation, urbains et interurbains sont de plus en plus vécus avec une banalisation qui doit interpeller notre conscience citoyenne.

Notre exposé portera sur certaines infractions en matière de circulation routière qui, en raison de leur gravité ont été érigées au rang de délit par le législateur.

Les auteurs de ces infractions s'exposent à l'emprisonnement allant de 11 jours à 5 ans, à l'amende de 20.000 à 500.000F et souvent au retrait du permis de conduire.

Nous parlerons des infractions en la matière, que nous rencontrons le plus fréquemment dans les juridictions.

Ce sont :

1) **Les blessures involontaires**

L'article 210 du nouveau code pénal dispose *« celui qui par maladresse, imprudence inattention, négligence ou inobservation des règlements aura involontairement porté des coups, fait des blessures, ou occasionné des maladies à autrui, sera puni d'un emprisonnement de 3 mois à 2 ans et d'une amende de 20.000F à 300.000 F ou de l'une de ces peines seulement. »*

A la différence des coups et blessures volontaires (ex : en cas de coups volontairement portés au cours d'une bagarre) on suppose que celui qui commet un accident n'a pas volontairement donné le coup générateur des blessures.

Le législateur par des formules telles que imprudence, maladresse, inobservation des règlements n'a voulu donner aucune chance aux auteurs d'accident de la circulation routière de s'exonérer et d'échapper aux poursuites. Les auteurs d'accident de la circulation routière, outre les peines pénales qu'ils encourent seront également ébranlés dans leur portefeuille du fait des demandes de plus en plus fréquentes de dommages intérêts formulées par les victimes d'accident de la circulation.

2) L'homicide involontaire :

L'article 203 du Code Pénal dispose : *« l'homicide involontaire commis ou causé par maladresse, négligence, inattention ou inobservation des règlements sera puni d'un emprisonnement de 6 mois à 5ans et d'une amende de 50.000F ou de l'une de ces deux peines seulement »*

Il s'agit de ceux qui involontairement auront causé la mort d'un usager de la route. Il est souhaitable que les parquets chargés des poursuites pénales puissent sévir chaque fois que l'homicide ou même souvent les blessures ont été la suite de comportement irresponsable du conducteur, surtout lorsqu'il s'agit des véhicules de transports publics.

La première mesure de sûreté prise en cas d'homicide involontaire est le retrait provisoire du permis de conduire.

Il est temps d'instaurer chez nous le permis de conduire à point, ainsi chaque fois qu'il sera constatée une infraction routière, le titulaire se verra retirer des points. Cette situation peut aboutir au retrait définitif du permis de conduire, ce qui correspond à une interdiction absolue de conduire pour une période pouvant aller au-delà d'une année. Au terme de ce délai l'intéressé aura l'obligation de repasser à nouveau son permis de conduire.

Grâce à la prévention routière, la France a vu baisser de 40 % en l'espace d'une année, le taux d'accident de la route. Un tel résultat doit inspirer nos autorités chargées de ce secteur.

Après vous avoir parlé de l'homicide et des blessures involontaires comme délits en matière de circulation routière, notre exposé va porter sur d'autres faits que la loi a voulu sanctionner sévèrement, faits liés à la circulation routière.

La loi 99-004 du 2 Mars 1999 a élevé un certain nombre d'infractions de nature contraventionnelle au rang de délits. On les retrouve à l'article 319 du nouveau code pénal. Ce sont le délit de fuite, la conduite en état d'ivresse, le défaut de permis de conduire.

3) **Le délit de fuite :**

L'article 319 dispose que *« sera puni d'un emprisonnement de11jours à 3mois et d'une amende de 20.000 à 200.000F ou de l'une de ses deux peines seulement tout conducteur de véhicule qui, sachant que ce véhicule vient de causer ou d'occasionner un accident, ne se sera pas arrêté et aura ainsi tenté d'échapper à la responsabilité civile ou pénale qu'il peut encourir. »*

En clair il s'agit des conducteurs d'engins qui, après avoir commis un accident de la circulation s'échappent avec leurs engins pour éviter d'être tenus responsables de l'accident.

La tentative est punissable au même titre que le délit lui- même. La tentative s'analyse comme tout commencement d'exécution qui a été suspendu ou qui n'a manqué son effet que par des circonstances indépendantes de la volonté de son auteur.

L'auteur d'un délit de fuite sera, s'il est découvert, poursuivi non seulement pour ce fait, mais également pour homicide involontaire lorsque l'accident aura entraîné mort d'homme, pour blessures involontaires s'il y a des blessés et pour non-assistance à personne en danger pour ne s'être pas arrêté et assuré aux blessés le secours et l'assistance nécessaire à leur survie.

Dans la pratique des parquets, l'auteur d'un délit de fuite est placé sous mandat de dépôt avant l'examen de son affaire par le tribunal correctionnel. Un conducteur qui se comporte ainsi ne saurait bénéficier d'aucune indulgence des juridictions.

4) **La conduite en état d'ivresse :**

Sera puni des mêmes peines de l'article 319 du code pénal toute personne qui aura conduit ou tenté de conduire un véhicule alors qu'elle se trouvait en état d'ivresse ou sous l'effet d'une substance vénéneuse, de stupéfiant (chanvre indien, amphétamine, cocaïne, colle, plaque, autres).

Si la conduite en état d'ivresse peut être manifeste et visible, il n'en va pas de même pour l'état alcoolique ou de drogué. Ces deux derniers états ont souvent besoin d'être établis soit par alcootest soit par prise de sang ou d'urine du conducteur.

Nous n'avons pas à ce jour connaissance de l'utilisation de ces méthodes d'investigation par nos forces de sécurité , ce qui est regrettable, compte tenu de tous les commentaires sur les comportements anormaux de tous ces chauffeurs de transport public qui continuent à semer sur nos routes, blessés et cadavres, sans compter tout le dommage causé sur les ouvrages destinés à faciliter la circulation routière.

Le législateur dans sa volonté de punir les auteurs a prévu à l'article 18 code pénal du Mali que *« le tribunal ne pourra, en aucun cas faire bénéficier des circonstances atténuantes à l'auteur d'un crime commis en état d'ivresse (ou sous l'effet de substances vénéneuses ».*

5) La conduite sans permis de conduire :

Il résulte de l'article 319 CP que les mêmes peines (citées plus hauts) seront appliquées à *« toute personne qui aura conduit un véhicule sans avoir obtenu le permis de conduire valable pour la catégorie de véhicule considéré ou que ce permis ou cette autorisation faisait l'objet d'une mesure régulièrement justifiée de suspension, de retrait ou d'annulation ».*

Les mêmes peines seront appliquées aux personnes étant propriétaires d'un véhicule ou gardiennes d'un véhicule les auraient fait ou laissé conduire par un tiers qu'elles savaient démunis du permis requis.

Les peines seront portées au double si du fait de l'accident il y a eu blessures ou homicide involontaire c'est-à-dire mort d'homme.

La conduite sans permis constitue la première cause de non couverture par l'assurance en cas d'accident. Ainsi lorsque vous souscrivez une police d'assurance pour vous couvrir en cas d'accident, s'il est prouvé que celui qui se trouvait au volant de votre véhicule n'avait pas de permis de conduire votre couverture ne jouera plus.

Vous serez seul à garantir les condamnations pécuniaires qui seront prononcées pour toutes les réparations de dommages causés du fait de l'accident.

Le rappel de ces règles, de ces sanctions est toujours nécessaire pour que la route soit un espace de sécurité pour tous les usagers.

XII

LA SANCTION PENALE

Les peines en matière criminelle, en matière correctionnelle et en matière de simple police

Aux yeux de l'opinion publique, influencée par l'application séculaire d'un droit criminel strictement répressif, la sanction d'une infraction se confond étroitement et souvent même exclusivement avec la punition du coupable.

Avec l'évolution de la pensée humaine et la recherche d'un mieux-être par l'homme, aux fonctions de rétributions et d'intimidation de la peine, les législations modernes ont positivement évolué. Elles ont imprimé désormais un nouvel objectif, une nouvelle fonction à la peine, celle de reclassement social.

1°) La peine est d'abord un châtiment infligé au délinquant en rétribution de l'infraction qu'il a commise. Chacun doit payer pour sa faute.

2°) La peine remplirait ensuite une fonction d'exemplarité, d'intimidation collective.

Le châtiment, inscrit dans la loi sous la forme d'une menace abstraite est concrétisé quotidiennement par les condamnations prononcées par les juridictions pénales. De telles sanctions sont pourvues d'une valeur d'exemplarité qui tiendra ainsi en respect les velléités criminelles des membres d'une société.

Le philosophe Fauconnet dans une étude de sociologie intitulée « la Responsabilité » dira que *« l'utilité de la peine n'est pas essentiellement dans l'action qu'elle exerce sur les criminels, mais dans l'action qu'elle exerce sur la société elle-même ».* En effet la société éprouve un irrépressible besoin de dissoudre, grâce à la sanction pénale, le choc émotionnel provoqué par le crime. La sanction pénale apaise et discipline l'irrésistible besoin de vengeance de la victime ou de ses proches.

3°) La peine ne doit pas être un motif définitif de mettre un individu hors de la société. Le délinquant, quel que soit la gravité de l'infraction commise, reste un homme capable de sursaut. La justice pénale doit veiller à ce que la personne soumise à la peine ait une chance de se redresser et de se reclasser socialement.

La peine doit être donnée et exécutée dans des conditions de nature à permettre à l'individu qui a fauté de se ressaisir et d'intégrer les valeurs de sa Société.

Il n'existe, aujourd'hui aucune législation qui utilise exclusivement les peines sanctions. Presque partout on a recours à la technique de la double voie qui consiste à utiliser à côté des peines, les mesures de sûreté.

Les mesures de sûreté se définissent comme de simples précautions de protection sociales destinées à prévenir la répétition d'une infraction (récidive) ou à neutraliser l'état dangereux potentiel d'un individu.

Ce sont par exemple les mesures éducatives prises contre des mineurs en danger moral, contre les toxicomanes, contre les aliénés.

Les mesures de sûreté peuvent souvent être prononcées concurremment avec une condamnation pénale, c'est le cas par exemple du retrait du permis de conduire en cas de condamnation pénale pour homicide involontaire (cas d'accident de la circulation), c'est également le cas de l'interdiction de séjour qui peut être cumulativement prononcée avec des peines notamment en cas de viol, de pédophilie ou d'agressions physiques.

Après cet aperçu général sur la sanction pénale, il sera intéressant de parler des différentes peines prévues par le Nouveau Code Pénal du Mali dans la répression des divers comportements anti- sociaux qualifiés d'infraction à la loi pénale.

La loi N°01- 079 du 20 Août 2001 portant Nouveau Code Pénal précise dans l'article 1er que « les peines applicables en matière de justice au Mali se divisent en peines criminelles, peines appliquées aux délits et peines de simple police ».

L'article 13 dispose que la durée de toute peine privative de liberté (peine de prison) compte du jour où le condamné est détenu en vertu de la condamnation devenue irrévocable qui prononce la peine. La loi dispose que lorsqu'il y aura eu détention préventive, cette détention sera intégralement déduite de la durée de la peine qu'aura prononcée le jugement de condamnation.

L'article 13 pose deux cas de figure :

1er cas : Mr X est jugé sans être placé sous mandat de dépôt préalable, on dit qu'il comparait libre à l'audience, le Tribunal le condamne à 2ans d'emprisonnement ferme avec mandat de dépôt à l'audience, ces 2 ans de prison commencent à partir du jour où en exécution du mandat il est écroué à la maison d'arrêt.

2e cas Mr Y a été placé avant jugement sous mandat de dépôt soit du Procureur de la République, soit du Juge d'instruction. Il comparait en état de détention à l'audience. Il est jugé et condamné à 2 ans alors qu'il est déjà en prison depuis 5 mois. Les 5 mois viendront en déduction des 2 ans, Mr Y n'aura qu'à purger le reliquat de sa peine qui sera de 19 mois.

Il faudra préciser que c'est le mandat de dépôt qui sert de point de départ dans le décompte du temps d'emprisonnement.

Lorsque le mis en cause sera recherché, arrêté et détenu suivant un mandat d'arrêt, le décompte partira de ce titre de détention.

Il n'est pas souvent rare de voir en cas de détournement de fonds publics des personnes arrêtées passer complaisamment et la plupart du temps avec leur accord des mois dans des brigades de gendarmerie ou dans des commissariats de police, espoir de voir les parents réunir les fonds détournés en vue « de trouver une solution non judiciaire » ; cela en violation des règles sur les délais de garde à vue.

Ce temps complaisamment passé au sein des unités d'enquêtes n'est jamais pris en compte dans le décompte de temps de détention en cas de condamnation après jugement.

Aux termes du nouveau code pénal applicable depuis le 20 Août 2001 la nomenclature des peines en matière pénale se présente ainsi qu'il suit :

1) – les peines criminelles

2) – les peines correctionnelles c'est-à-dire applicables aux délits

3) – les peines contraventionnelles appelées peines de simple police

Il faut préciser que le nouveau code pénal malien a fait un effort d'innovation j'allais dire d'adaptation que nous ne cesserons d'apprécier en terme de progrès dans le respect des droits de la personne humaine.

Dans l'ancien code on parlait des travaux forcés à perpétuité ou à temps.

Dans le nouveau code on parle de réclusion à perpétuité ou à temps.

Dans le nouveau code il a été introduit une peine alternative à l'emprisonnement, c'est la peine de Travail d'Intérêt Général appelée le TIG.

Il est également permis désormais aux juridictions de jugement, en matière criminelle ou correctionnelle de prononcer le sursis avec mise à l'épreuve.

Ce sont entre autres les innovations de ce code.

A. Les peines criminelles :

L'article 4 du Nouveau Code Pénal dispose : « les peines criminelles sont :

- la mort
- la réclusion à perpétuité
- la réclusion de 5ans à 20 ans.

La peine de mort :

Elle a été abolie dans plusieurs Etats dont la France depuis 1981, elle constitue la peine la plus controversée et continue à susciter des débats, même dans notre pays. Elle reste l'une des préoccupations des plus hautes autorités du Mali et des Associations de défenses des Droits de l'homme.

Elle continue de résister chez nous à tous ces débats présentés souvent comme « débat d'intellectuel ».

L'article 11 précise que tout condamné à mort sera fusillé.

Cependant la femme condamnée à mort qui est reconnue enceinte ne subira sa peine qu'après sa délivrance. Aussi la femme qui allaite verra son exécution différée jusqu'à sevrage de son enfant.

Il existe aujourd'hui au Mali un moratoire sur la peine de mort, c'est-à-dire que les personnes condamnées à mort ne sont pas fusillées. Leur peine est au bout d'un certain temps commuée en réclusion.

La réclusion à perpétuité ou à temps (5 à 20 ans) :

C'est la première peine privative de liberté. Elle s'exécute par l'emprisonnement du condamné.

La prison est l'une des plus vieilles institutions du monde. Elle a été, dans l'histoire de l'humanité, conçue comme un instrument de protection des citoyens paisibles contre les individualités dangereuses.

Elle a souvent été présentée comme le lieu d'expiation et de souffrance, mais dans une perspective plus humaine, la prison peut se présenter comme le cadre idéal pour rééduquer les condamnés et pour préparer par des méthodes appropriées leur réinsertion dans la vie normale.

La différence entre peine d'emprisonnement simple et la réclusion se trouve marquée dans l'article 12 du Code Pénal qui précise que « les personnes condamnées à la réclusion pourront être employées à des travaux d'utilité publique à l'exclusion de celles âgées de soixante ans accomplis au moment du jugement, les femmes seront employées à des travaux en rapport avec leur sexe ».

C'est là une formule plus humaine de celle qui disait avant, dans l'ancien code pénal que « les hommes condamnés aux travaux forcés seront employés aux travaux les plus pénibles ».

Jusqu'à une époque récente, toutes les condamnations de cette nature étaient exécutées dans les tristement célèbres prisons de Kidal ou de Taoudenit que le régime démocratique du Mali s'est empressé de fermer car elles se sont révélées comme étant des établissements inhumains et dégradants par les dures conditions de séjours des pensionnaires. Le livre « Dix ans de bagne à Taoudenit » de Samba Sangaré est simplement édifiant.

La loi a attaché à ces peines criminelles des peines accessoires c'est-à-dire celles qui sont réalisées de plein droit dès que le juge prononce la peine principale.

L'article 4 du code pénal ajoute que *« toute condamnation à une peine criminelle entraînera de plein droit la dégradation civique et l'interdiction légale ».*

Ainsi la peine criminelle étant par nature afflictive et infamante, toute personne condamnée à une peine criminelle de la nature de celles citées plus haut se verra soumis à la dégradation civique qui consiste :

1) dans la destitution et l'exclusion des condamnés de toutes fonctions, emplois ou offices publics ;

2) dans la privation du droit de vote, d'élection, d'éligibilité et en général de tous droits civiques et politiques et du droit de porter aucune décoration ;

3) Dans l'incapacité d'être expert, témoin et de déposer en justice autrement que pour y donner de simples renseignements ;

4) Dans l'incapacité de faire partie d'un conseil de famille, d'être tuteur, curateur, subrogé tuteur ou conseil judiciaire, si ce n'est de ses propres enfants et sur l'avis conforme de la famille ;

5) Dans la privation du droit de port d'armes, du droit de servir dans les armées maliennes, de tenir école, ou d'enseigner et d'être employé dans aucun établissement d'instruction, à titre de professeur, maître ou surveillant.

Ni la grâce accordée à de tels condamnés, ni leur libération ne sauraient effacer ces déchéances.

Seule l'amnistie peut avoir raison de la peine et de ces effets.

Si la grâce est une prérogative régalienne, c'est à la seule discrétion du Président de la République, l'amnistie est toujours soumise à l'appréciation de l'Assemblée Nationale.

Nous ne devons jamais nous laisser tenter de banaliser la peine criminelle qui au-delà de la privation de liberté constitue par ces conséquences automatiques un facteur d'élimination social d'un individu.

B. Les peines correctionnelles ou peines applicables aux délits

Les délits sont les infractions relativement moins graves. Ils n'ont pas la même répercussion sociale que les crimes.

Les délits il faut le rappeler, ce sont par exemple les vols simples, les abus de confiance, les escroqueries, les blessures ou homicides involontaires du fait d'un accident de circulation, ce sont les coups et blessures volontaires à la suite de bagarres, ce sont les oppositions à l'autorité légitime, cette liste n'est pas limitative.

L'article 7 du Nouveau Code Pénal nous donne la nomenclature des peines applicables aux délits. Ce sont :

1 l'emprisonnement de onze(11) jours cinq ans (5) ;

2 la peine de travail d'intérêt général,

3 l'amende

1 - La peine d'emprisonnement :

L'article 77 précise que la peine de 1 (un) jour d'emprisonnement est de 24 heures, que celle de un mois (1) est de trente (30) jours et celle d'un an est de douzc (12) mois.

Faut-il comprendre là qu'une peine d'emprisonnement prononcée de plusieurs mois correspondrait à un multiple de 30 jours.

La pratique du calcul pour l'exécution des peines est tout autre.

Le calcul se fait de quantième à quantième lorsque la peine est supéricurc à un mois, c'est-à-dire d'une date à la date correspondante dans le calendrier Grégorien ; par exemple une personne condamnée à 3 mois d'emprisonnement le 28 Mars verra sa peine expirée le 28 Juin. Cependant pour accorder des faveurs aux détenus et nous inspirant des dispositions du Code Pénal français (article 716- 3), ceux dont l'incarcération doit prendre fin un jour férié ou un dimanche sont libérés le jour ouvrable précédant la date de l'expiration de la peine.

La peine d'emprisonnement de 11 jours à 5 ans d'emprisonnement est prononcée par les Tribunaux correctionnels d'instance (Tribunal d' Instance ou Justice de Paix à Compétence Etendue).

La Cour d'Assises ayant plénitude de juridiction peut aussi être amenée souvent à prononcer des peines d'emprisonnement à condition qu'il y'ai comparution de la personne mise en cause.

Dans la pratique la peine de 11jours à 5ans représente une fourchette qui laisse une marge de manœuvre aux juridictions. Aussi du fait du jeu des circonstances atténuantes le juge peut descendre en dessous du maximum prévu. Il peut par exemple condamner à 3 mois ou à 4 ans d'emprisonnement selon le cas.

Le juge chargé de juger un délit ne peut pas aller au-delà du maximum prévu par la loi.

La peine d'emprisonnement est exécutée soit dans un milieu fermé, dans les maisons d'arrêt, soit dans un milieu ouvert, ce sont au Mali les pénitenciers agricoles tels que Kénioroba ou Baguineda. Dans ces établissements ouverts les prisonniers bénéficient d'une semi-liberté.

2 - Le Travail d'Intérêt Général TIG :

La peine de travail d'intérêt général est une innovation de notre Code Pénal qui s'est inspiré du Code Pénal français. La France s'est elle-même inspirée de l'expérience de certains pays qui ont réalisé avec un certain succès cette institution. Il s'agit de la Grande Bretagne, de la Suisse, de la Pologne, des Pays Bas et des Etats-Unis d'Amérique.

Elle est d'application très récente, elle a été instituée en France par la loi du 10 Juin 1983 et son Décret d'application.

Au Mali cette peine a été instituée par le Code Pénal du 20 Août 2001 mais à ce jour à notre connaissance il n'y a pas de Décret d'application pour sa mise en œuvre.

Le TIG est une peine de substitution à l'emprisonnement. Il peut être prononcé comme peine principale ou comme peine complémentaire à une peine de sursis simple ou de sursis avec mise à l'épreuve.

Cette peine, au fond est une sanction restrictive de la liberté puisque la personne condamnée est astreinte à l'accomplissement d'un travail au profit de l'intérêt général, souvent dans les conditions contraignantes.

Cette sanction pénale cependant a un caractère particulier : elle doit être acceptée par le condamné et ne peut être prononcée qu'en sa présence.

La durée est toujours précisée par le juge qui la prononce.

Le travail d'intérêt général, accepté par le condamné, présente une deuxième particularité, il n'est pas rémunéré.

Les organismes au profit desquels le TIG doit être exécuté sont généralement les collectivités publiques.

Il faut davantage préciser et rappeler qu'un prévenu condamné au travail d'intérêt général, n'ira pas en prison. Il est libre mais son temps sera aménagé pour lui permettre d'exécuter sa peine pour la période décidée par le juge. Il est totalement différent de l'ancienne peine de travaux forcés

3 - Les amendes :

Nous voulons, à propos de l'amende vous faire partager quelques réflexions.

La loi pénale a décidé de frapper certains délinquants dans leur fortune, dans leur portefeuille.

Certains juristes ont pensé que lorsque l'Etat prescrit des amendes, il se laisse facilement influencer par le profit qu'il tirera d'une activité criminelle, car dans la plupart des Etats, ce sont les services du Trésor public qui sont chargés de recouvrer les amendes, on dit que l'Etat tire bénéfice de la délinquance de ses sujets, ce qui peut être choquant vue sous cet angle.

Ne fallait-il pas changer cette façon de faire ? L'on a pensé, dans le but de rétablir l'équilibre social rompu par l'infraction, à affecter le produit des amendes à la constitution d'un fond de garantie des victimes d'infractions. Des pays comme la France font déjà cette expérience.

En France il existe ce qu'on appelle la CIV (la Commission d'Indemnisation des Victimes) dont le fond de garantie est financé par l'Etat sur la base des fonds des ristournes versées par les compagnies d'Assurances. L'utilisation des amendes pour renforcer le fond de garantie a été envisagée dans la réforme.

Principalement l'amende est du domaine de la contravention dont elle constitue la peine principale.

Elle est aussi souvent prononcée en matière délictuelle soit comme peine principale, soit comme peine complémentaire.

Elle peut également être prononcée en matière criminelle mais toujours comme peine complémentaire, par exemple en matière de détournement de fonds publics.

L'amende est généralement variable, c'est-à-dire que la loi laisse au juge le choix de son taux.

Il existe plusieurs formes d'amende que nous allons exposées dans la rubrique des peines de simple police.

C. Les peines de police

Aux termes de l'article 10 du code pénal « les peines de police sont :

1 l'emprisonnement de 1 à 10 jours inclusivement ;

2 l'amende de 300 à 18.000F inclusivement ;

La confiscation pourra être appliquée comme peine complémentaire ».

Les peines de simple police sont celles qui sanctionnent les contraventions, dont l'examen relève des tribunaux de simple police, qui sont au Mali les tribunaux d'instance et les justices de paix à compétence étendue statuant en matière de simple police.

L'article 451 du Code de Procédure Pénale précise, « sont considérés comme contraventions de simple police les faits qui peuvent donner lieu soit à 18.000F d'amende ou au-dessous, soit à dix jours d'emprisonnement ou au-dessous qu'il y ait ou non confiscation des choses saisies et quelle qu'en soit la valeur.

Toutefois, sont également considérées comme contraventions de police les infractions pour lesquelles la loi donne expressément compétence au juge de simple police quel que soit la peine encourue »

Au Mali les contraventions de simple police sont pour l'essentiel contenues dans la Loi N° 99-134 du 26 Mai portant Code de la Route et dans le Code Pénal à l'article 325.

Les règles de la circulation routière qui peuvent exposer les usagers soit aux délits soit aux simples contraventions ;

Le Code Pénal a catalogué 22 contraventions qui sont toutes punies de peines de simple police.

En effet l'article 325 du Code Pénal précise que seront punis d'une amende de 300 à 18.000F et facultativement d'un emprisonnement d'un (1) à dix (10) jours les faits suivants

1) Les infractions aux règlements de l'autorité administrative ou municipale.

2) Le trouble à l'exercice de la justice, notamment ceux qui auront troublé les audiences. 3) L'inobservation des prix des denrées lorsque ces prix sont fixés par l'autorité compétente.

4) L'embarras de la voie publique : ceux qui sans autorisation publique auront déposé des objets, auront creusé des excavations sur la voie publique.

5) l'ivresse publique ; ceux qui se seront trouvés dans un état d'ivresse manifeste susceptible de troubler l'ordre public.

6) l'introduction forcée ou en état d'ébriété dans les stades ou dans les salles de spectacles.

7) l'inobservation des règlements de voirie. Ceux qui refusent de respecter les règlements ou arrêté émanant de l'autorité administrative ou municipale.

8) l'injure non publique. (L'injure publique quant à elle est un véritable délit qui expose son auteur à des sanctions plus graves).

9) violences légères et jet d'immondices sur une personne. Il s'agit de rixes sur la voie publique et le jet d'immondice sur quelqu'un.

10) jet sur la voie publique des objets susceptibles de blesser les passants ou souillés leur vêtement.

11) l'entrée sur le terrain d'autrui sans autorisation, terrain en construction ou champ de culture.

12) prêt d'armes à feu sans préjudice des peines prévues sur la réglementation des armes à feu. Ceux qui auront confié une arme à feu à une personne inexpérimentée.

13) l'errance des aliénés mentaux. Ceux qui auront manqué à leur obligation de surveillance des aliénés placés sous leur garde.

14) la divagation des animaux dangereux. Ceux qui n'assure pas convenablement la garde des animaux dangereux ou les auraient excité à attaquer les passants.

15) le jet volontaire d'objet contre la chose d'autrui, notamment contre les voitures, les maisons, les édifices appartenant à autrui ou à l'Etat.

16) Mort ou blessures volontaires gratuitement causés à des animaux d'autrui.

17) le tapage : ceux qui par des bruits ou tapage injurieux ou nocturne auront troublé la tranquillité des habitants.

18) l'usage des poids et mesures non réglementaires par des commerçants peu scrupuleux.

19) l'extinction des lumières sur la voie publique, ceux qui sans motif légitime auront éteint les lumières destinées à faciliter la circulation.

20) les tirs ou feux d'artifices non autorisés. Ceux qui malgré la prohibition de l'autorité auront tiré de coups de feu ou des pièces d'artifices dans les lieux publics.

21) la pêche et l'usage de l'eau contraire aux usages locaux.

22) la carence ou la négligence grave dans la surveillance des enfants mineurs. Ceux des parents ou des tuteurs ou gardiens qui auront montré des manquements graves dans la surveillance des enfants dont ils sont responsables.

Comme nous pouvons le constater. Ce sont là les activités de tous les jours qui peuvent nous exposer à une sanction pénale.

En cas de constatation de la contravention, le montant de l'amende forfaitaire peut être acquitté soit entre la main de l'agent verbalisateur contre quittance, soit au guichet de l'autorité administrative ou municipale.

En cas de refus de paiement de l'amende forfaitaire, un procès-verbal est dressé et le contrevenant est traduit devant le tribunal de simple de police.

Dans ce cas le Procureur de la République est saisi s'il y a constitution de partie civile, dans le cas contraire le Président du Tribunal rendra une ordonnance pénale, qui fixe le montant de l'amende. Le contrevenant est obligé de payer cette amende sous peine de contrainte par corps.

XIII

LA DETENTION PROVISOIRE ET LA PROBLEMATIQUE DE L'EXPIRATION DES MANDATS DE DEPOT.

Ce thème vient à propos quand on sait que la volonté du législateur clairement affichée dans le nouveau code de procédure pénale (Loi N° 01-080 du 20 Août 2001) tarde à trouver un écho souhaité dans la pratique de nos juridictions.

En effet, le nouveau code de procédure pénale marque une vraie révolution en vue de faire du Mali un vrai Etat de droit soucieux des droits humains. Il a contrairement à l'ancien code réglementé la détention provisoire (préventive avant) en faisant obligation au juge de justifier la mesure, en la limitant dans le temps et en y substituant des mesures alternatives à la détention permettant ainsi au juge de faire recours à la médiation pénale, au contrôle judiciaire, au travail d'intérêt général (TIG).

A. Fondements juridiques de la détention provisoire

La détention provisoire trouve son fondement d'abord dans la constitution, ensuite dans le code de procédure pénale et dans le code pénal du Mali.

a) La Constitution :

La Constitution du Mali du 25 Février 1992 proclame en son article 10 :

- Al 2 : Nul ne peut être détenu pendant une durée supérieure à quarante-huit heures que par décision motivée d'un magistrat de l'ordre judiciaire.
- Al 3 : Nul ne peut être détenu dans un établissement pénitentiaire que sur un mandat délivré par un magistrat de l'ordre judiciaire.

b) Le code de procédure pénale (CPP)

La loi 01-080 du 20 Août 2001 portant Code de procédure pénale consacre une multitude de dispositions aux modalités de mise en œuvre de la détention provisoire, ce sont notamment les articles 83, 114, 116, 118, 120, 125, 128, 129, 134, 135, 136, 150, 151, 153, 198 CPP.

c) **Le code p énal** :

La loi 01-079 du 20 Août 2001 prévoit en ses articles 65, 68, 70, 71, 72 des sanctions contre les fonctionnaires et agents publics chargés de l'application des dispositions relatives à la détention provisoire.

B. Quels sont les mandats de justice qui fondent une détention provisoire ?

Les mandats de justice sont traités à l'article 114 CPP, ce sont :

- Le Mandat d'amener,
- Le Mandat de dépôt,
- Le Mandat d'arrêt

1) **Le Mandat d'amener** :

Le mandat d'amener est l'ordre donné par le juge d'Instruction ou le Procureur de la République à la force publique de conduire immédiatement la personne mise en cause devant lui. La loi permet de décerner Mandat d'amener contre un témoin régulièrement convoqué mais qui refuse de comparaitre. Il faut noter que le mandat d'amener n'est pas véritablement un titre de détention.

Le juge doit immédiatement interroger l'individu qui fait l'objet d'un mandat d'amener. Toutefois, si pour des raisons justifiées il ne peut être entendu, l'individu objet de mandat d'amener est conduit dans une maison d'arrêt où il ne peut être détenu plus de 24h.

2) **Le Mandat de dépôt** :

Le mandat de dépôt est l'ordre donné par le juge de d'instruction, le Procureur de la République, le Président de la chambre de jugement, par le Président de la chambre d'accusation au régisseur de la maison d'arrêt de recevoir et de détenir un inculpé, un prévenu ou un condamné.

3) **Le Mandat d'arrêt** :

Le mandat d'arrêt est l'ordre donné à la force publique de rechercher un individu (prévenu, inculpé ou condamné) et de le conduire à la maison d'arrêt indiquée sur le mandat où il sera reçu et détenu.

Tous les mandats de justice sont exécutés sur toute l'étendue du territoire de la République.

Le mandat précise l'identité de la personne concernée, il est daté et revêtu du sceau du magistrat qui l'a décerné.

Seul le mandat d'arrêt international est exécuté en dehors du territoire national.

Il présente des caractéristiques spéciales et est diffusé soit par la voie diplomatique dans le cadre des accords judiciaires entre Etats, ou dans le cadre des Conventions Internationales et des Résolutions des Nations Unies (cf) R 1267 (1999) – R 1617 NU (2005). Elle peut être diffusée par la voie de la coopération policière par Interpol (La Notice Rouge via le réseau I 24/7 Interpol). Le mandat d'arrêt peut servir de titre de détention.

C. Exécution des Mandats et les délais

Le nouveau code de procédure pénale a précisé les modalités d'exécution des divers mandats de justice et les délais de privation de liberté attachés à ces mandats.

1) Le mandat d'amener :

L'article 116 CPP stipule « Le juge d'instruction interroge immédiatement l'inculpé qui fait l'objet d'une convocation.

Il est procédé, dans les mêmes conditions, à l'interrogatoire de l'inculpé arrêté en vertu d'un mandat d'amener. Toutefois, si l'interrogatoire ne peut être immédiat, l'inculpé est conduit dans la maison d'arrêt où il ne peut être détenu plus de vingt-quatre heures.

A l'expiration de ce délais, il est conduit d'office, par le soin du régisseur, devant le Procureur de la République qui requiert de procéder immédiatement à l'interrogatoire, à défaut de quoi l'inculpé est mis en liberté ».

Toute détention au-delà de ce délai est considérée comme détention arbitraire qui expose le magistrat et le Régisseur aux sanctions prévues au chapitre VI du code pénal (article 64 et suivants).

Lorsque la personne objet du mandat d'amener est arrêtée hors du ressort de la juridiction, elle est immédiatement présentée au Procureur ou au juge de Paix du lieu de son arrestation, l'on procède à la vérification d'identité et il sera procédé à son transfèrement dans les meilleurs délais au lieu où le mandat a été émis. En ce lieu il sera procédé à son interrogatoire, il ne saurait être détenu plus de 24 heures.

2) **Le Mandat d'arrêt** :

Lorsqu'une personne mise en cause dans une procédure pénale se soustrait à l'action de la justice ou est en fuite, le magistrat chargé du dossier (Procureur, Juge d'Instruction, Juge de Paix à CE) peut décerner contre lui mandat d'arrêt.

L'article 118 CPP précise que « l'inculpé saisi en vertu d'un mandat d'arrêt est conduit sans délai dans la maison d'arrêt indiquée sur le mandat » ou à la maison d'arrêt du lieu de son arrestation.

Le Régisseur qui le reçoit délivre, à l'agent chargé de l'exécution du mandat, une reconnaissance de la remise de l'inculpé. Il procède aux formalités d'écrou conformément au mandat de dépôt.

Dans les 48 heures de son incarcération il sera procédé à son interrogatoire.

S'il est arrêté hors du ressort de la juridiction qui a émis le mandat d'arrêt, l'inculpé est présenté au Procureur de la République ou au juge Paix par le Régisseur.

Ces autorités judiciaires procèdent à l'interrogatoire sommaire et informent sans délai le juge qui a décerné le mandat. Après son transfert en ce lieu, l'inculpé sera entendu dans les 48 heures ou à défaut il sera mis en liberté.

Lorsque la personne est arrêtée en vertu d'un mandat d'arrêt international hors les limites du territoire du Mali, il sera procédé à son extradition sur la demande des autorités maliennes dans les conditions fixées par les traités bilatéraux ou Conventions Internationales.

3) **Le Mandat de dépôt** :

Au Mali, le mandat de dépôt est un titre de détention provisoire qui peut être décerné par le Procureur de la République, par le juge d'Instruction et dans certaines conditions par la chambre de jugement et par le Président de la chambre d'accusation de la Cour d'Appel.

1) En son article premier consacré aux Crimes et délits flagrants le CPP prévoit à l'article 83 qu' « En cas de délits flagrants, lorsque le fait est puni d'une peine d'emprisonnement et si le juge d'Instruction n'est pas saisi, le Procureur de la République peut placer le prévenu sous mandat de dépôt, après l'avoir interrogé sur son identité et sur les faits qui lui sont reprochés ».

L'article ajoute qu'à la suite d'une enquête préliminaire le Procureur peut décerner mandat de dépôt lorsque l'infraction est passible d'une peine d'emprisonnement. Dans ce cas la loi précise que le prévenu devra être cité à comparaitre devant le tribunal correctionnel au plus-tard dans les trois mois suivant le mandat de dépôt. Il s'agit là de poursuite en citation directe.

Aussi le code de procédure pénale précise (art 83 al 3) que « Faute par le Procureur de la République d'observer le délai, le Régisseur de la maison d'arrêt est tenu de l'aviser. Ensuite, il conduit immédiatement le prévenu devant le procureur de la République qui le fait mettre en liberté... »

Dans la pratique, c'est le Tribunal Correctionnel qui sera saisi par le Procureur de la République pour solliciter d'office la mise en liberté du prévenu.

2) Les Modalités de délivrance du mandat de dépôt par le juge d'Instruction sont réglées aux :

- Art 120 CPP : Le juge d'Instruction ne peut délivrer le mandat de dépôt qu'après l'interrogation de l'inculpé.

- Art 124 : En matière délictuelle, le juge doit prendre une ordonnance de mise en détention spécialement motivée.

- Art 125 : Lorsque la peine prévue par la loi est égale ou inférieure à 2 ans d'emprisonnement la durée du Mandat de dépôt ne peut excéder 1 mois.

- Art 127 : Si la durée est supérieure à 2 années d'emprisonnement, la détention provisoire ne peut dépasser 6 mois avec possibilité de la prolonger une seule fois par une ordonnance motivée de maintien en détention.

- Art 134 : En matière criminelle, la durée du mandat de dépôt ne peut excéder 1 an, la prolongation de la détention provisoire peut intervenir chaque année sur la base d'ordonnance motivée de maintien en détention. En aucun cas, la détention provisoire dans ce cas ne peut dépasser 3 ans. La requalification ou la disqualification aura une incidence sur la durée de la détention provisoire.

3) L'article 435 CPP dispose que le tribunal, s'il s'agit d'un délit de droit commun ne peut délivrer mandat de dépôt ou

d'arrêt à l'audience contre le prévenu que si la peine prononcée est au moins d'une année d'emprisonnement. En dessous de cette peine le mandat devient illégal.

D. Rôle du Régisseur de la maison d'arrêt en cas de dépassement de délai de détention

En plus de l'article 83 relatif au mandat de dépôt du Procureur de la République qui ne saurait dépasser 3 mois. Dans le cadre de l'instruction préparatoire le Régisseur est astreint lorsque le juge d'Instruction aura négligé de prendre une ordonnance de maintien en détention de l'en aviser. Il conduit l'inculpé devant le Procureur de la République qui requiert ce qu'il appartiendra. Le juge d'Instruction doit ordonner la mise en liberté de l'inculpé. Cette procédure résulte de l'article 129 CPP.

E. Rôle de la chambre d'accusation

La chambre d'accusation se présente dans le code de procédure pénale comme juge des libertés. Il faut se référer aux articles 150 al 4, 151 al 2, 154 in fine, 218 in fine du code de procédure pénale.

Il s'agit des cas suivants où la Chambre d'Accusation peut être saisie :

1) Lorsque le juge d'Instruction saisi d'une demande de mise en liberté ne se prononce pas dans les délais légaux (8 jours) ;

2) Dans l'intervalle des sessions d'assises lorsqu'il y'a arrêt de renvoi ;

3) En cas de pourvoi en cassation et avant la saisine de la Chambre Criminelle de la Cour Suprême;

4) Dans le cas d'incompétence et lorsqu'aucune juridiction n'est saisie ;

5) Dans les cas de constat fait par le Président de la chambre d'accusation au cours de la visite des lieux de détention, d'une situation de dépassement de délai de détention provisoire ;

6) Dans les cas où le Président de la chambre d'accusation est informé de la situation de dépassement de délai de détention soit par le Parquet soit par le Régisseur de la maison d'arrêt.

F. Cas de saisine pour dépassement de délai :

Lorsque le régisseur constate à partir de ses fiches un dépassement de délai de détention provisoire il a l'obligation légale d'informer soit le Procureur soit le Président de la Chambre d'Accusation.

G. Des Sanctions pour inobservation des règles relatives à la détention provisoire

Art 121 : « l'inobservation des formalités prescrites pour les mandats d'amener, de dépôt et d'arrêt est sanctionnée par une amende civile de 5000 Francs prononcée contre le Greffier par le Président de la chambre d'accusation, elle peut donner lieu à l'application des sanctions disciplinaires ou à prise à partie contre le juge d'Instruction ou le Procureur de la République.

Ces dispositions seront étendues à toutes les violations de privation de liberté ou de détention arbitraire commises par tout agent public qui se serait directement ou indirectement rendu responsable de ces faits.

Le code de procédure pénale en son article 116 renvoie en cas de violation avérée liée à la détention provisoire aux articles 65, 68, 70, 71 et 72 du code pénal : « Des attentats à la liberté ». Ces actes peuvent être considérés comme forfaiture et punis comme telle sans préjudice des dommages et intérêts contre les agents publics.

H. Recommandations :

Le dépassement des délais de détention provisoire est aujourd'hui, hélas une triste réalité de nos maisons d'arrêt.

La solution légale est loin de régler cette réalité auxquelles nous sommes confrontés au quotidien.

La Justice malienne n'est certes pas dotée de moyens humains, matériels, techniques et logistiques suffisants pour clôturer et juger les dossiers dans les délais raisonnables, cela ne saurait expliquer à lui seul la forte population de personnes en détention provisoire et une multitude de cas de violation de la loi liée au dépassement des délais de détention.

Nous pouvons proposer certaines mesures pour réduire les cas de violations :

1) Interdire par lettre circulaire du Ministre de la Justice ou des Procureurs Généraux le recours aux ordres de mise à la disposition pratiqués par les magistrats en violation de la loi.

2) Initier des directives ou un Décret pour la mise en œuvre des articles 116 al 3 CPP et 129 CPP dans son application pratique.

3) Veiller à la production par des juridictions et les cabinets d'Instruction des notices trimestrielles exigés par le Code de Procédure Pénale.

4) Doter la chambre d'accusation en moyens humains, matériels, logistiques pour lui permettre de visiter les maisons d'arrêt et tous les lieux de détentions conformément à l'article 218 CPP.

5) Renforcer le contrôle des parquets et de la chambre d'accusation sur l'activité de la police judiciaire.

6) Exercer des poursuites et appliquer les sanctions dans les cas avérés de détention arbitraire et injustifiée.

7) Aménager les registres d'écrou pour permettre au Régisseur de suivre l'évolution des procédures des personnes provisoirement détenues.

8) Informatiser le fichier de la MCA et élaborer la base de données pour l'ensemble des maisons d'arrêts avec un système de monitoring par les services de la Direction Nationale des services pénitentiaires et de l'éducation surveillée.

XIV

LE DEROULEMENT D'UN PROCES D'ASSISES.

A- Fondements juridiques :

Loi 037/2011 du 15 Juillet 2011 portant organisation judiciaire en République du Mali.

Article 1er : La justice est rendue sur le territoire de la République du Mali par :

- Une Cour Suprême
- Une Cour Constitutionnelle
- Une haute Cour de Justice
- Des Cours d'Appel
- Des Cours d'Assises
- Des cours Administratives d'Appel
- Des Tribunaux de Grande Instance
- Des Tribunaux d'Instance
- Des Tribunaux du Travail
- Des Tribunaux de Commerce
- Des Tribunaux Administratifs
- Des Tribunaux pour Enfants
- Des Tribunaux militaires

Article 19 : Le siège de la Cour d'Assises est celui de la Cour d'Appel.

Toutefois, le Premier Président sur réquisitoire du Procureur Général, peut ordonner le transport de la Cour d'Assises dans toute autre localité de son ressort.

Article 20_: Sauf si la loi en dispose autrement la Cour d'Assises est composée :

- d'un (1) Président magistrat
- de deux (2) conseillers magistrats
- de quatre (4) assesseurs représentants du peuple,
- d'un (un) greffier

Les fonctions du Ministère Public sont exercées par le Procureur Général ou son représentant (Avocat général ou substituts généraux)

NB : La Cour d'assises chargée de juger les affaires de terrorisme (1) et la Cour d'assises chargée de juger les affaires portant répression de la corruption, de l'enrichissement illicite, du blanchiment des capitaux, des infractions économiques et financières (2) est désormais composée d'un Président, de quatre conseillers tous magistrats professionnels et d'un greffier.

Cette juridiction spécialisée siège sans la présence d'assesseurs représentants du peuple. (cf 2- Loi N°2021-051 du 29 septembre 2021 portant modification de la Loi N°01-080 du 20 août 2001, portant code de procédure pénale)

Article 21 : Les membres de la Cour d'Appel qui ont statué sur la mise en accusation ne peuvent, dans la même affaire, ni présider la Cour d'Assises, ni assister le Président à peine de nullité de la décision.

Il en est de même des Magistrats du siège ayant connu de l'affaire en Première Instance.

La loi N° 01- 080 du 20 Août 2001 portant Code de Procédure Pénale traite en son titre VI : De la Cour d'Assises.

Article 259 CPP : La Cour d'Assises a plénitude de juridiction pour juger des individus renvoyés devant elle par l'arrêt de mise en accusation. Elle peut disqualifier les poursuites et peut se saisir aussi d'office ou sur réquisition du Ministère Public de tous crimes ou délits imputés aux accusés qui se révéleraient au cours des débats.

B - Déroulement d'un procès d'Assises :

1. Installation de la Cour dans la salle d'audience annoncée par l'huissier.

2. Déclaration par le Président « l'audience de ce jour de la Cour d'Assises est ouverte ».

3. Appel des affaires à juger

Affaire Ministère Public contre : Joseph Diallo accusé de faux et usage de faux ;

4. Vérifier si l'accusé est assisté par un avocat (généralement le bâtonnier sur la demande du parquet général

procède à la désignation d'office d'un conseil lorsqu'il est établi que l'accusé n'est pas assisté par un avocat constitué)

5. Vérifier la régularité des citations délivrées à l'accusé, aux témoins, aux parties civiles et s'assurer de la présence de toutes les parties au procès.

6. Appel des témoins à la barre vérification de leur identité et inviter l'huissier audiencier à les isoler hors la salle d'audicnce.

7. Vérification de l'identité de l'accusé (grande identité, père et mère, profession, domicile, situation matrimoniale, situation pénale).

8. Inviter le greffier audiencier à donner lecture de l'arrêt de renvoi qui donne le détail des faits, des qualifications pénales et des textes y afférents.

9. Le président invite l'accusé à écouter avec attention la lecture de l'arrêt de renvoi.

Incidents de Procédures :

Après lecture de l'arrêt de renvoi et avant de donner la parole à l'accusé pour s'expliquer sur les faits les avocats peuvent soulever des exceptions de procédures (cf. articles 79 et 80 du Code de Procédure Civile Commerciale et sociale).

Exemples - incompétence de la Cour pour juger.

Exemples - récusation d'un membre de la Cour.

Exemples - non-respect des délais légaux, etc…

- Le Président doit noter toutes les exceptions soulevées et les faire acter par le greffier audiencier.

- Le Président doit provoquer les réquisitions du Parquet Général sur les exceptions.

- Il doit recueillir l'avis du Conseil de la partie civile.

- Il déclare la séance suspendue pour délibérer sur les exceptions lorsque celles-ci ne peuvent pas être jointes au fond.

- Après la reprise le Président donne lecture de la réponse de la cour réservée aux exceptions.

Comparution de l'accusé et instruction à l'audience.

Le Président déterminera de façon discrétionnaire celui des accusés qui devra être soumis le premier à l'interrogatoire de la cour ;

Le Président peut résumer à l'intention de l'accusé les termes de l'arrêt de renvoi.

- Le Président pose à l'accusé la première question :

« Reconnaissez-vous les faits que l'on vous reproche ? » ;

- L'accusé doit répondre par soit : Oui je reconnais les faits qui me sont reprochés,

soit : Non je ne reconnais pas les faits,

- L'accusé sera invité à s'expliquer sur les faits qui ont justifiés sa comparution devant la cour.

- Il sera soumis après aux questions du Président, des Conseillers, des Assesseurs, du Procureur Général et des Avocats (ceux-ci doivent passer par le Président pour poser leur question).

Le Président, les conseillers, les assesseurs ne doivent jamais opiner, c'est-à-dire qu'ils ne doivent pas manifester leur opinion sur la culpabilité.

- L'instruction à la barre se fait à charge et à décharge,

- Le Président a la police de l'audience, c'est lui seul qui distribue la parole, il est responsable de la bonne conduite des débats.

Audition des témoins :

Les témoins appelés un à un seront entendus sur les faits, sur la moralité et la personnalité de l'accusé.

Article 317 CPP : « Ne peuvent être entendus comme témoins en toute matière, les ascendants et descendants en ligne directe des parties, leurs frères, leurs sœurs, leurs conjoints, leurs tuteurs ou pupilles »

Les individus qui n'ont pas l'âge de 18 ans révolus ne sont pas admis à prêter serment.

- Vérification de l'identité des témoins.

- Faire prêter serment les témoins avant de commencer leur déposition « de parler sans haine et sans crainte et dire toute la vérité, rien que la vérité »

- L'accusé pourra répondre aux témoins.

- Les témoins à charge et à décharge seront tous entendus et confrontés les uns aux autres ou confrontés à l'accusé.

NB : la cour peut entendre à titre de simples renseignements tout expert, homme de l'art dans le but de la manifestation de la vérité (médecin légiste, graphologue, psychologue, psychiatre, etc.)

(Voir articles 312 à 333 CPP).

- Lecture du rapport d'expertise des médecins pour déterminer si l'accusé est sain d'esprit ou a agi en état de démence et du rapport d'enquête de moralité de l'accusé dressé par les services sociaux et/ ou la gendarmerie ou la police.

Plaidoiries et Réquisitoires :

L'ordre est le suivant :

- Plaidoiries de l'Avocat de la partie civile (victime)
- Réquisitoires du Parquet Général
- Plaidoiries de l'Avocat de l'accusé.

NB : Les répliques sont autorisées pour conforter la liberté de parole.

L'accusé a toujours la parole le dernier pour consolider sa défense ;

De la clôture des débats et la lecture des questions.

Lorsque le Président se sera assuré que toute la lumière a été faite sur les faits et que toutes les questions sont épuisées, il déclare **« les débats sont clos ».**

Il procède à la lecture des questions résultant de l'arrêt de renvoi et éventuellement celles résultant des débats

Il demande au Parquet Général sur la position des questions.

Il demande aux Avocats sur la position des questions.

NB : Le Procureur Général et les Avocats peuvent proposer des questions subsidiaires qui n'auront pas été prises en charge par les questions du Président.

- **Le Président déclare la séance suspendue pour permettre à la Cour de se retirer pour délibérer sur les questions.**

La Cour se retire dans la salle de délibération sans le Parquet et les Avocats.

Les questions prises une à une sont soumises aux votes secrets des membres de la Cour (Magistrats professionnels et assesseurs).

Le Président procède au dépouillement et devant chaque question il sera porté « oui à la majorité » ou « non à la majorité ».

Si l'accusé est déclaré coupable à la majorité, la Cour revient dans la salle et le Greffier donne lecture de la délibération sur les questions.

Lorsque la Cour souverainement déclare l'accusé coupable des faits, aucun autre débat ne peut s'élever pour discuter cette culpabilité.

Le Président appelle l'accusé à la barre et lui notifie la décision prise par la Cour à la majorité sur la culpabilité et l'existence ou non des circonstances atténuantes en la cause

- Lorsque l'accusé est déclaré coupable le Ministère Public fera ses réquisitions sur l'application de la peine.
- Le Conseil de l'accusé fera de même.
- Le Président demandera à l'accusé s'il n'a rien à dire pour sa défense.
- **l'accusé aura toujours la parole le dernier.**
- **L'audience est suspendue et la Cour se retire pour délibérer sur la peine**.
- La Cour reprend la séance et l'arrêt de condamnation est prononcé à haute voix par le Président en présence du public et de l'accusé.

- Après avoir prononcé l'arrêt de condamnation, le Président peut, selon les circonstances exhorter l'accusé à la fermeté, à la résignation ou à reformer sa conduite.

- Le Président avertira l'accusé de son droit de se pourvoir en cassation et lui fait connaître dans quel délai.

- NB : lorsqu'il y'a constitution de partie civile, les victimes ou leur avocat seront entendus sur leur réclamation de dommages et intérêts. Le Parquet Général et l'avocat du condamné seront entendus en leurs observations.

La constitution de partie civile étant une question technique, seuls le Président et les conseillers se prononcent sur la question sans se retirer pour délibérer. Le Président donne lecture de l'arrêt civil.

NB : Lorsqu'à l'issue des questions, l'accusé est déclaré non coupable par la Cour, le Président prend une ordonnance d'acquittement qui sera lue publiquement et l'accusé sera immédiatement mis en liberté s'il n'est retenu pour autre cause.

De la contumace.

Aux termes de l'article 369 CCP les accusés en fuite, ou ceux qui ne se seraient pas présentés dans les dix jours de la signification qui leur aura été faite de l'arrêt de renvoi, à leur domicile, ou à mairie seront jugés en leur absence par la Cour d'Assises sans le concours des assesseurs. **On dit qu'ils sont jugés par défaut ou par contumace.**

Dans ce cas le Président donnera simplement lecture des pièces essentielles écrites de la procédure de nature à éclairer la Cour et le public,

L'accusé défaillant est condamné au maximum de la peine encourue et le Président en vertu des pouvoirs conférés à lui par la loi prononce publiquement l'arrêt de condamnation par contumace.

Cet arrêt sera mis en exécution par le Procureur Général.

- Le Greffier rédige l'arrêt en y indiquant les textes de lois appliqués.

- La minute (l'original) est signée par le Président et le Greffier ;

- Le condamné est conduit par les agents de la force publique à la maison d'arrêt où il doit purger sa peine.

XV

LE CASIER JUDICIAIRE

POURQUOI L'EXIGE-T-ON ?

Pour la constitution d'un dossier en vue de participer à un concours ou simplement pour constituer un dossier administratif, il n'est pas rare d'exiger du postulant un Casier Judiciaire avec la précision « datant de moins de trois mois ».

Jusque-là les choses sont simples si le postulant est né à Bamako (lieu où les dossiers doivent être déposés avant une date au-delà de laquelle ils ne seront plus reçus).

Les choses se compliquent lorsque le postulant est né par exemple à Bourem. Oui, des problèmes en perspective car c'est à la justice de paix de Bourem qu'il faut aller chercher ce casier judiciaire.

Le postulant qui ne comprend rien à cette exigence se met à penser que c'est encore là une tracasserie de l'administration.

Le casier judiciaire a une longue histoire. La simple évocation de ce parcours des âges vous permettra de comprendre pourquoi celui qui est né à Bourem doit aller chercher en ce lieu « son casier judiciaire ».

Prosaïquement, le casier judiciaire a pour but de déterminer si l'individu poursuivi est ou non un délinquant primaire c'est-à-dire s'il a subi ou non une condamnation pénale, qu'elle soit de nature contraventionnelle, délictuelle ou criminelle.

En France au départ, le code d'instruction criminelle (l'ancêtre du code de procédure pénale) avait prévu pour assurer la preuve des condamnations pénales, un système de registres appelés « sommiers judiciaires ». Ce système se révéla rapidement inefficace car avec la centralisation à outrance, on a fini par avoir une collection de registres si volumineuse que les recherches devenaient de plus en plus difficiles.

C'est en 1848 qu'un éminent magistrat du Parquet du Roi de Versailles, Bonneville de Marsangy, inventa le casier judiciaire.

Le principe de l'institution était le suivant : les condamnations pour crimes et délits au lieu d'être mentionnées seulement sur les registres, sont inscrites sur les fiches appelées « bulletins » rédigées par les soins du greffier. Ces fiches, au lieu d'être toutes rassemblées à Paris, sont envoyées par le greffier au greffe du tribunal du lieu de naissance de la personne qui a fait l'objet de la condamnation. Là, elles sont classées par ordre alphabétique et conservées dans un Casier (d'où le nom de l'institution). Dans chaque casier se trouvent centralisés tous les bulletins concernant le même individu. Ainsi, les personnes intéressées à connaître le passé pénal d'un individu le trouvent aisément au greffe du tribunal du lieu de sa naissance.

Le casier judiciaire devient rapidement pour la justice, une source de renseignements des plus précieux.

Aujourd'hui, le casier judiciaire comporte une Fiche et trois sortes de Bulletins désignés officiellement sous les noms de : bulletin n°1, bulletin n°2 et bulletin n°3 (B1, B2, B3).

Lorsqu'une personne poursuivie fait l'objet d'une condamnation pénale, cette condamnation est inscrite sur une feuille mobile, c'est la Fiche.

Cette fiche est envoyée par le greffier du Tribunal qui a prononcé la condamnation au greffe du Tribunal du lieu de naissance.

Ainsi chaque fois qu'une poursuite est engagée contre un individu, le Procureur de la République, ou le juge d'instruction chargé du dossier peut directement s'adresser au greffe du Tribunal du lieu de naissance de l'intéressé pour être renseigné sur son passé pénal, pour savoir s'il est délinquant primaire (personne n'ayant jamais été condamnée pénalement) ; ou déjà condamné.

Le greffier en chef du Tribunal du lieu de naissance effectue des vérifications dans le Casier tenu à son niveau. Ainsi si l'intéressé a été déjà condamné il envoie aux autorités qui l'ont saisi un relevé des fiches inscrit sur une feuille mobile en double exemplaire, c'est le Bulletin N°1.

Lorsqu'un malien vivant à l'étranger commet une infraction et qu'il est condamné par la juridiction étrangère, les autorités de cette juridiction adressent la fiche portant condamnation au greffe du lieu de sa naissance. La collaboration judiciaire internationale sur ce volet est très active.

Dans l'organisation du casier judiciaire on a imaginé une solution pour les maliens nés à l'étranger. Lorsqu'un tel individu est condamné pénalement, la fiche est non seulement adressée au greffe du tribunal de son lieu de naissance (selon les accords judiciaires entre le Mali et l'Etat de ce lieu de naissance) mais également une fiche est classée au greffe de la Cour d'Appel de Bamako, c'est le Fichier Central. Toutes les demandes de casier judiciaire des Maliens nés à l'extérieur, sera faite au Casier Central de la Cour d'Appel.

L'informatisation des greffes, commencée par le PRODEJ, sera une solution à toutes les difficultés de fonctionnement du Casier Judiciaire au Mali.

Quelles sont les mentions qui doivent être portées sur la Fiche ?

A/ La Fiche :

A chaque condamnation correspond une Fiche. Sur la fiche sont inscrites toutes les condamnations pénales ; les jugements déclaratifs de faillites ou même de redressement judiciaire ou de liquidation de biens prononcés contre un commerçant.

Peuvent y être portés les jugements prononçant la déchéance de la puissance paternelle, les arrêtés d'expulsion ou les jugements d'interdiction de séjour.

Certes, ces dernières indications qui ne sont pas des sanctions pénales proprement dites, paraissent sans intérêt pour déterminer la récidive. Elles ne sont pas cependant inscrites au casier judiciaire parce qu'à l'expérience le casier, outre qu'il permet de connaître le passé pénal d'un individu, permet de se renseigner sur la moralité général d'une personne. Aussi chaque fois qu'il s'agit de confier à une personne des responsabilités nominatives ou électives ou même de décoration aux ordres nationaux ou étrangers, le casier judiciaire du récipiendaire doit être consulté.

On ne saurait dans ce cas se contenter de la production d'un simple B3 car le Bulletin N°03 comme nous allons le voir est un extrait largement expurgé de la Fiche.

En principe les Fiches sont permanentes, elles doivent demeurer indéfiniment au casier. Lorsqu'une cause d'extinction ou de suspension de la peine survient (grâce par exemple) on ne retire pas du casier la fiche portant la condamnation, mais on y ajoute simplement une nouvelle fiche pour indiquer cet événement.

Exceptionnellement ce n'est qu'au bout de 5ans que la Fiche est retirée du casier :

1) en cas de décès du condamné ;

2) en cas d'amnistie de la condamnation. L'amnistie à la différence de la grâce est prise par l'Assemblée Nationale et a pour effet l'extinction de l'action publique (action pénale) ou l'effacement d'une peine pénale, elle ne touche pas l'action civile et les réparations civiles prononcées.

3) Lorsqu'à la suite d'une erreur une condamnation a été portée au casier et que la personne concernée a obtenu une décision rectificative.

4) Lorsque le condamné purge sa contumace, ou lorsqu'il fait opposition au jugement ou à l'arrêt de condamnation prononcé par défaut ou lorsque la condamnation est effacée par la Révision du procès.

5) Lorsqu'il s'agit de mineurs condamnés mais dont la rééducation parait acquise et judiciairement constatée. Au terme d'une durée de 5ans à la requête du Ministère public ou d'office le Tribunal peut ordonner le retrait de la fiche du casier, cela pour faciliter le reclassement social du mineur.

Après avoir exposé sur la nécessaire existence du casier judiciaire, après avoir évoqué la Fiche, nous allons nous intéresser aux trois Bulletins du casier : le Bulletin N°1, Le Bulletin N°2 et le Bulletin N°3.

B/ Le bulletin n° 1:

Communément appelé dans le jargon judiciaire B1, il se présente comme le relevé intégral des Fiches applicables à la même personne. S'il existe pour chaque personne autant de fiches qu'il y a de condamnations, pour la même personne, au contraire il n'existe qu'un seul B1.

Lorsqu'au casier, il n'existe aucune Fiche, le B1 porte la mention « **Néant** ». C'est parce qu'il constitue le relevé intégral de la fiche, que le B1 n'est pas mis à la disposition de tout le monde.

Le B1 n'est délivré qu'aux autorités judiciaires.

Les autorités judiciaires étrangères des pays ayant des accords judiciaires avec le Mali peuvent demander communication du Bulletin N°1, mais seulement en cas de poursuites judiciaires. Le Bulletin N°1 ne saurait être utilisé à d'autres fins.

Ces Etats étrangers sont ténus d'emprunter la voie diplomatique pour demander la communication du B1, mais si les accords entre Etats le permettent, les demandes peuvent être présentée directement au Parquet Général concerné.

Il faut cependant préciser que le B1 a une force probante qui vaut jusqu'à preuve contraire car il ne sert qu'à titre de simple renseignement.

C/ Le bulletin n° 2 :

Le Bulletin N°2 ou B2 est également un relevé des fiches mais cette fois-ci expurgées de certaines condamnations mineures. Le B2 garde le silence sur toutes les condamnations considérées comme insusceptible de provoquer la récidive.

Il garde le silence sur les contraventions, les mesures d'éducation prononcées contre les mineurs, les mises en faillites, en liquidation des biens, les déchéances judiciaires prononcées, les condamnations assorties du sursis lorsqu'elles doivent être considérées comme non avenue, les condamnations effacées par la réhabilitation, les arrêtés d'expulsion abrogés ou rapportés ne seront pas portés au B2.

Le B2 est, généralement et systématiquement demandé par les autorités judiciaires chaque fois qu'une poursuite pénale est engagée contre un individu. Il figure dans la rubrique renseignements généraux sur la personnalité des mis en cause.

Le B2 peut être demandé par certaines autorités.

Il est sollicité pour constituer le casier électoral des administrations publiques.

On ne saurait l'utiliser dans le cadre d'un recrutement à un emploi civil.

Les autorités militaires peuvent y recourir en cas de besoin.

La divulgation du contenu d'un tel bulletin dans le dessein de porter atteinte à l'honneur ou à la considération du titulaire peut exposer l'auteur de la divulgation à des poursuites et sanctions pénales ainsi qu'à des réparations civiles.

D/ Le bulletin n° 3 :

Celui qui est communément appelé pour tous Casier judiciaire, est en réalité le Bulletin N°3.

Le B3 même s'il n'est délivré qu'à la demande du titulaire, ne présente aucun caractère de confidentialité. Il peut tomber sous les yeux des tiers. Le B3 est un bulletin très expurgé. N'y sont inscrites que les condamnations ayant prononcé une peine d'emprisonnement ferme de 3 mois et plus.

Il garde le silence même sur les condamnations pénales prononcées avec sursis.

Lorsqu'il n'existe pas au casier judiciaire de fiches ou lorsque les mentions que portent ces fiches ne doivent pas être inscrites sur le B3, le bulletin N°3 est oblitéré par une barre transversale, souvent accompagnée de la mention « **NEANT** », ceci, afin de ne pas charger la conscience du greffier d'un mensonge.

Le casier judiciaire comme nous venons de le constater est une Institution qui a fait la preuve de son efficacité. Elle constitue pour la justice une source de renseignements des plus précieux.

Au Mali le casier est très mal tenu. L'établissement des pièces d'exécution des peines laisse à désirer. En l'absence de ces pièces d'exécution on ne saurait de façon certaine si un individu a été condamné ou pas.

Les efforts d'informatisation doivent être soutenus par l'établissement à temps réel des pièces d'exécution des condamnations prononcées par les juridictions pénales.

Tous les projets tendant à l'informatisation et à la centralisation du casier judiciaire n'ont pas abouti. Les juges se contentent des déclarations de la personne poursuivie sur sa situation pénale, ce qui fait que des récidivistes se trouvent protégés par le mauvais fonctionnement du casier judiciaire.

XVI

LES VOIES DE RECOURS

La loi a mis à la disposition des plaideurs un arsenal juridique qui leur permet de chercher la reformation d'une décision judiciaire inférieure par les juridictions supérieures. Aussi, pour permettre le respect du principe du double degré de juridiction, les voies de recours ont été instituées.

L'article 543 nouveau code de procédure civile commerciale et sociale stipule *« les voies ordinaires de recours sont l'appel et l'opposition. Les voies extraordinaires sont la requête civile, la tierce opposition et le pourvoi en cassation ».*

A. Les voies de recours ordinaires

1. L'appel

L'Appel est une voie de recours ordinaire. Il tend à faire reformer ou à annuler par la Cour d'Appel un jugement rendu par une juridiction de premier degré.

Il s'agit généralement les décisions rendues par les tribunaux d'instance, les tribunaux de commerce, les justices de paix à compétence étendue, les tribunaux de travail, etc.

L'appel est formé par simple déclaration unilatérale faite au greffe de la juridiction qui a rendu la décision attaquée. L'appel peut être formé par lettre écrite adressée au greffe du tribunal dans les délais requis.

Le greffier, dans les deux cas est tenu dès l'enregistrement de la déclaration d'appel de délivrer à l'appelant ou à son représentant, une copie certifiée conforme de l'acte d'appel. Il doit informer les parties adverses ou leurs avocats de l'appel reçu.

Le délai d'appel est de 1 mois à compter de la date du prononcé de la décision pour les jugements contradictoires ou 15 jours à partir de la date où l'opposition n'est plus recevable pour les jugements de défaut. L'article 554 modifié par la loi N°09-PRM du 11 Mai 2009 dispose « Le délai de recours par une voie ordinaire est d'un mois en matière contentieuse. Il est de 15 jours en matière gracieuse ».

Le jugement de défaut est celui qui est rendu en l'absence de la partie adverse dûment appelée mais qui n'a pas comparu au procès.

La loi a fixé quelques exceptions au délai d'appel.

Ainsi, pour les jugements de référé (appelés procédures accélérées), le délai d'appel est toujours de 24 heures (1 jour).

Pour les décisions rendues sur opposition à Injonction de payer, le délai d'appel est de 30 jours à compter de la date de la décision (voir article 15 acte uniforme OHADA relatif aux voies d'exécution).

Le premier et principal effet de l'appel est de suspendre l'exécution de la décision attaquée et de réformer ou d'annuler par la Cour d'Appel un jugement rendu par une juridiction de 1er degré. Cet effet n'est pas absolu car la loi a prévu que pour certaines natures de litiges, l'appel n'aura pas cet effet.

C'est par exemple le cas du référé et des décisions administratives. On dit que ces décisions s'exécutent par provision.

L'appel a un second effet, c'est **l'effet dévolutif de l'appel.**

L'affaire dont appel est interjeté est dévolue à la Cour d'Appel dans les limites de l'acte d'appel et par la qualité de l'appelant. L'acte d'appel est l'extrait du registre d'appel ténu au greffe du Tribunal. Ainsi il en résulte qu'en principe la Cour d'Appel ne saurait étendre sa saisine au-delà de la saisine du Tribunal, toute chose qui fait qu'il y a une prohibition de statuer sur les faits nouveaux, les demandes nouvelles.

C'est au respect de cet effet dévolutif que par exemple la loi interdit à la Cour de réexaminer au pénal une affaire pour reformer les peines prononcées par le Tribunal, sur le seul appel d'une partie civile. La victime (partie civile) ne peut faire appel que de ses intérêts civils.

Seul l'appel du Procureur (ministère public) peut être général et permettre à la Cour d'examiner entièrement l'affaire.

C'est également en raison de cet effet dévolutif que dans une procédure de divorce, sur l'appel d'une partie sur la garde des enfants, la Cour d'Appel ne peut remettre en cause le divorce prononcé par le Tribunal.

Si vous devez interjeter appel il est toujours conseillé de préciser dans l'acte d'appel l'étendue de votre recours.

L'évocation est le troisième effet de l'appel.

C'est la possibilité donnée par la loi à la Cour d'Appel de proposer une autre décision chaque fois qu'elle annulera la décision du Tribunal.

L'évocation constitue dans une certaine mesure une exception au double degré de juridiction et à la règle de l'effet dévolutif de l'appel.

Cette règle (l'évocation) présente l'avantage d'éviter de retarder la procédure. Elle contraint le juge d'appel après avoir tranché le point de droit dont il est saisi, à statuer en contradiction avec la première décision sans être obligé à renvoyer l'affaire au premier juge.

L'évocation est prohibée lorsque le jugement est annulé pour incompétence, le juge d'appel ne pouvant remplir l'office des premiers juges incompétents. Il en est ainsi dans les cas d'incompétence territoriale et d'incompétence en raison de la matière (compétence rationae-materiæ).

2. L'opposition

L'opposition aux termes de l'article 580 du code de procédure civile, commerciale et sociale (NCPCCS) est un recours qui tend à faire rétracter un jugement rendu par défaut. Elle n'est ouverte qu'au défaillant. Pour rappel, il existe globalement deux formes de jugements : le jugement contradictoire et le jugement par défaut.

-Le jugement est dit contradictoire lorsque toutes les parties au procès se sont présentées devant le tribunal ou se sont fait représenter ou ont déposé des conclusions écrites. Contre un jugement contradictoire, le plaideur non satisfait peut faire appel.

-Le jugement est dit par défaut lorsque la partie adverse dûment appelée (soit par citation, assignation ou convocation), ne s'est pas présentée au tribunal, ne s'est pas fait représenter et n'a pas déposé de conclusion. C'est ce plaideur, dès qu'il a connaissance de la décision lui faisant grief, qui peut faire opposition.

L'opposition remet en question devant le même juge les points jugés par défaut pour qu'il soit à nouveau statué en fait et en droit. La décision rendue par défaut et frappée d'opposition n'est anéantie que par le deuxième jugement qui la rétracte.

Il est bon de savoir que le défaut de comparution d'un plaideur ne fait jamais obstacle au jugement. Le tribunal doit simplement s'assurer que celui qui n'est pas venu à été régulièrement appelé à l'audience. La loi exige cependant que la décision prise en l'absence d'un plaideur lui soit notifiée par les voies de droit (signification par un huissier commissaire, lettre du greffier en chef avec avis de réception etc.). La loi précise que la signification doit, à peine de nullité, faire mention en caractère apparent du délai d'opposition. Ce délai court à compter du jour de cette notification ou de signification.

L'article 584 nouveau dit que « l'opposition ne sera plus recevable après trente jours à compter de la notification » lorsque le défaillant a été personnellement touché par la signification de l'huissier ou aura personnellement accusé réception de la lettre il a 30 jours pour former opposition. Dans le cas contraire, jusqu'à l'exécution de la décision contre lui, il pourra toujours faire opposition toutes les fois qu'il fera la preuve qu'il a été tenu dans l'ignorance de la décision.

Comme cela est possible pour l'appel, l'opposition est formée par déclaration au greffe du tribunal qui a rendu la décision, elle peut être également formée par lettre ou télégramme adressé au greffe avec avis de réception.

Attention : celui qui se laisserait juger une seconde fois par défaut n'est plus admis à former une nouvelle opposition. On dit que « défaut sur défaut ne vaut ». On dit qu'il y a itératif défaut. En clair, vous avez été jugé en votre absence, vous faites opposition pour rétracter le premier jugement, l'affaire est de nouveau enrôlée (programmée) et vous ne vous présentez pas une seconde fois. Dans ce cas, vous ne serez plus autorisé à faire opposition. Vous gardez néanmoins votre droit à l'appel.

Autant pour l'appel que pour l'opposition en matière civile et commerciale, celui qui exerce le recours est soumis au paiement de la consignation prévue par la loi.

En matière pénale, le paiement avant le nouvel examen de l'affaire n'est pas obligatoire. Il faut simplement faire la preuve que le recours a été formé dans le délai légal.

B. Les voies de recours extraordinaires

1. La requête civile

Après avoir exposé les voies de recours ordinaires, que sont l'appel et l'opposition, nous nous intéressons aujourd'hui aux voies de recours extraordinaires c'est-à-dire celles qui ne sont pas ouvertes à tous les plaideurs. La première de la catégorie est la requête civile.

On définit la requête civile comme une voie de recours extraordinaire par laquelle une partie au procès demande à une juridiction qui a rendu une décision passée en force de chose jugée de la rétracter parce qu'elle est entachée d'erreurs. L'auteur du recours demande à la même juridiction de statuer à nouveau en fait et en droit.

C'est une voie de reformation d'une décision judiciaire. Elle est prévue par l'article 585 et suivants du nouveau code de procédure civile, commerciale et sociale.

La requête civile est en principe ouverte contre toutes les décisions rendues en première instance et en appel.

Seules les décisions de référés et les décisions arbitrales échappent à cette voie de recours.

L'article 585 précise que *« les jugements contradictoires rendus en dernier ressort par les juridictions de première instance et d'appel, les jugements par défaut rendus aussi en dernier ressort et qui ne sont plus susceptibles d'opposition pourront être rétractés sur la requête de ceux qui y auront été parties ou dûment appelés... ».*

La loi a prévu une multitude de cas d'ouverture de la requête civile que l'on peut classer en diverses catégories à savoir :

- l'erreur du juge,
- l'omission,
- la situation de faits nouveaux.

1. L'erreur du juge peut être constituée lorsqu'il s'est prononcé sur les choses non demandées. On dit que le juge s'est prononcé « plus-petita ».

2. De même si le juge a adjugé ou accordé à une partie plus qu'il lui a été demandé. Par exemple, le juge ne saurait accorder 250.000FCFA de dommages intérêts à un plaideur qui n'en demande que 150.000F. On dit que le juge a statué « ultra-petita ».

3. De même si le juge a omis de se prononcer sur des choses demandées.

4. Si dans le jugement ou dans l'arrêt, il y a des dispositions contraires.

5. S'il y a eu un dol sur la personne, le dol étant défini comme une tromperie provoquée par des manœuvres que l'un des

contractants a pratiquées à l'encontre de l'autre pour l'amener à donner son consentement.

6. Si les pièces sur lesquelles l'une des parties au procès s'est basée pour gagner ont été reconnues fausses par la suite ou lorsqu'on aura retrouvé des pièces décisives qui avaient été cachées ou retenues par le fait de la partie adverse.

7. Il existe d'autres cas qui donnent ouverture à la requête civile. C'est le cas où la loi exige que le dossier soit communiqué au ministère public et que le dossier ne l'a pas été.

8. Aussi, lorsque les formes prescrites sous peine de nullité ont été violées.

Le délai pour exercer le recours de la requête civile est d'un mois à compter de la date de la décision contradictoire.

S'agissant des décisions rendues par défaut, ce délai est d'un mois à compter de la signification, soit à personne, soit à domicile.

Les mineurs peuvent exercer le recours dès leur majorité civile dans les conditions déterminée par la loi et la jurisprudence.

Les articles 590 et 591 CPCCS ont prévu des délais de recours spécifiques pour les personnes absentes du territoire national, pour les héritiers des parties décédées et qui n'ont pas eu la possibilité de faire leur recours avant le délai et pour d'autres cas spécifiés par le code de procédure civile.

Quelle est la procédure pour exercer ce recours ?

La requête civile est présentée par voie d'assignation à la partie adverse et elle est portée devant la juridiction qui a rendu la décision attaquée.

Le requérant doit obligatoirement consigner au greffe du tribunal une somme fixée par le président de la juridiction, somme garantissant les frais de procédure, ainsi que l'amende civile éventuelle à laquelle le demandeur peut être exposé en cas d'échec de son action. Toute requête civile stipulant les intérêts de l'Etat sera reçue sans dépôt de consignation déclare l'article 596 CPCCS.

L'instance introduite par la requête civile se déroule entre les parties originelles au premier procès.

-Si le juge admet la requête, la première décision sera rétractée et les parties seront tenues au même état qu'avant la première décision et les sommes consignées seront rendues.

-Si le juge rejette la requête, le requérant est condamné à l'amende et le juge peut en plus octroyer des dommages intérêts à la partie assignée si elle en fait la demande.

En cas d'échec du recours le jugement contesté produira ses pleins et entiers effets et sera exécuté.

La décision portant rejet est cependant susceptible de recours.

2. La tierce opposition

La tierce opposition est une voie de recours extraordinaire. Elle est ouverte contre tout jugement.

Elle est ouverte à une personne qui n'a pas été partie au procès, par elle-même ou par ses auteurs ou ayants droits, dont la décision lui préjudicie.

L'article 603 du code de procédure civile commerciale et sociale dispose: *« est recevable à former tierce opposition, toute personne qui y a intérêt à la condition qu'elle n'ait été ni partie ni représentée au jugement qu'elle attaque... ».*

La tierce opposition dit l'article 604 tend à faire rétracter ou reformer un jugement au profit du tiers qui l'attaque.

Nous savons qu'en cours de procédure des tiers peuvent intervenir (intervention volontaire ou forcée) lorsque leur droit risque d'être mis à défaut par une décision de justice. Malheureusement, il arrive que ces personnes appelées « tiers » n'aient pas été informées à temps de l'existence de la procédure et souvent elles le sont après le prononcé de la décision qui leur fait pourtant griefs. Il fallait donc leur permettre d'agir après le prononcé de la décision judiciaire.

Ainsi, la tierce opposition apparaît comme une voie de recours réparatrice.

Deux caractères principaux marquent la différence entre la tierce opposition et les autres voies de recours traditionnelles :

1- elle n'est pas ouverte aux parties au procès mais à des personnes lésées ou qui le prétendent par la décision judiciaire à laquelle elles n'ont pas participé.

2- elle dépend essentiellement de l'appréciation du juge saisi de la requête portant tierce opposition car c'est au juge du fond qu'il appartient de dire si une décision judiciaire préjudicie ou non au droit d'une personne et par conséquent dire si ladite personne a un intérêt suffisant pour s'opposer à l'exécution de cette décision.

La tierce opposition étant une œuvre jurisprudentielle (c'est-à-dire une création de la pratique des tribunaux), on admet que même un préjudice éventuel suffit, pour que le juge accepte d'examiner et de se prononcer sur la demande.

Conditions d'ouverture de la tierce opposition

Elle est admise contre toute espèce de jugement exception faite des jugements rendus par les juridictions pénales, des jugements rendus en matière électorale ainsi que les actes judiciaires à caractère juridictionnel tels les procès-verbaux de conciliation.

Qui peut être tiers opposant ?

Il suffit de n'avoir pas été partie au procès ou représenté et avoir un intérêt à agir. Aussi, une personne est recevable à former tierce opposition contre une décision qui peut donner ouverture contre elle à des actions en dommages intérêts ou en responsabilité.

L'action peut prendre deux formes :

-soit par procédure incidente lorsqu'elle intervient avant que le procès ne soit encore terminé, c'est-à-dire avant qu'intervient la décision qui lui fera certainement grief ;

-soit en procédure principale par requête en tierce opposition.

Comme nous l'avons dit plus haut c'est devant la juridiction qui a rendu la décision attaquée que sera formée la tierce opposition.

L'article 613 précise cependant que *« la décision qui fait droit à la tierce opposition rétracte ou ne reforme le jugement attaqué que sur les chefs (les points de demandes) préjudiciables au tiers opposant. Le jugement primitif conserve ses effets entre les parties (au procès premier) même sur les chefs annulés… »*.

Il est bon de savoir que le jugement rendu suite à une tierce opposition est susceptible des mêmes recours ouverts contre les décisions de la juridiction dont il émane.

3. Le pourvoi en cassation

Après avoir étudié les voies de recours ordinaires que sont l'appel et l'opposition, nous allons boucler l'étude des voies de recours extraordinaires par le pourvoi en cassation.

Le pourvoi en cassation est une voie de recours extraordinaire.

Ce recours, dans notre ordonnancement juridique, est prévu par le nouveau code de procédure civile commerciale et sociale (article 615 et suivants), par la Loi No 2016-046 du 23 septembre 2016 portant Loi Organique fixant l'organisation, les règles de fonctionnement de la Cour Suprême et la procédure suivie devant elle ainsi que par l'acte uniforme OHADA relatif au règlement de procédure de la Cour Commune de Justice et d'Arbitrage (CCJA) adopté par le conseil des Ministres du 18 avril 1996 par les pays signataires du Traité de l'organisation pour l'harmonisation en Afrique du droit des affaires (OHADA).

L'article 615 du code de procédure civile commerciale et sociale stipule : *« le pourvoi en cassation tend à faire censurer par la Cour Suprême ou par la Cour Commune de Justice et d'Arbitrage de l'OHADA la non-conformité aux règles de droit du jugement qu'il attaque. Lorsque le pourvoi visé à l'alinéa ci-dessus a été formé dans une matière relevant du domaine du droit des affaires tel que défini à l'article 2 du traité relatif à l'organisation pour l'harmonisation du droit des affaires en Afrique, la procédure est celle prévue par le traité précité et par le règlement de procédure de la cour commune de justice et d'arbitrage… ».*

L'article 615 poursuit en déclarant que le pourvoi en cassation est suspensif en matière immobilière (ex : vente immobilière) en matière d'état des personnes (ex : recherche en paternité, divorce), des successions (ex : jugement d'hérédité, partage de succession) et en matière de droits fonciers (ex : réclamation d'indemnité pour expropriation pour cause d'utilité publique…).

L'article 14 du traité de l'OHADA parlant du contentieux relatif à l'interprétation et à l'application des actes uniformes, précise que la cour commune de justice et d'arbitrage (dont le siège se trouve à Abidjan) est saisie par voie de recours en cassation. La cour se prononce sur les décisions rendues par les juridictions d'appel des Etats parties dans toutes les affaires soulevant des questions relatives à l'application des actes uniformes et des règlements prévus au traité OHADA à l'exception des décisions appliquant des sanctions pénales. Elle se prononce dans les mêmes conditions sur les décisions non susceptibles d'appel rendues par toute juridiction des Etats parties dans les mêmes contentieux.

La lecture de toutes ces dispositions appelle un certain nombre de constats :

- Le pourvoi est exercé par tout plaideur contre les jugements rendus en premier et dernier ressort ainsi que contre les arrêts rendus par la cour d'appel.

- Le pourvoi peut être présenté et défendu devant la Cour Suprême par l'auteur du pourvoi ou par un avocat constitué par lui.

- Le pourvoi est formé devant le greffe de la juridiction qui a rendu la décision attaquée **dans les 3 jours** du prononcé de la décision si elle est contradictoire ; dans le même délai qui ne court qu'à compter du jour où l'opposition n'est pas recevable pour les décisions rendues par défaut. Si en matière civile, commerciale et sociale le pourvoi est formé par l'envoi d'une correspondance, d'une lettre missive, par un mail adressé au greffier de la cour d'appel, il n'en est pas de même du pourvoi formé contre une décision au pénal. En effet au terme de l'article 137 de la Loi 2016-046 op cite le pourvoi en matière pénale est orale et exige la comparution du demandeur du pourvoi ou de son conseil ou de son fondé de pouvoir spécial devant le greffe de la Cour d'appel. L'inscription par le greffier de la déclaration du pourvoi sur le registre destiné à ce effet, la double signature de celui-ci et du déclarant revêtent à l'évidence un caractère substantiel ce qui veut dire qu'en matière pénale la déclaration de pourvoi se formalise par voie de comparution par devant le greffe de la cour d'appel et non par l'envoi d'une notification ou d'un écrit (cf cassation en matière pénale 4ème ed Jacques Borré, Louis Borré note 51-71 p 155). Toutes les fois où cette forme n'est pas observée la Cour Suprême déclare irrecevable le pourvoi

- La procédure devant la cour suprême ou la cour commune de justice et d'arbitrage est toujours écrite c'est-à-dire que les avocats plaident par dépôt et échange de mémoire ampliatif et de mémoire en défense.

- Le pourvoi en cassation est exercé devant deux juridictions :

> **1-** La Cour Commune de Justice et d'Arbitrage (CCJA) pour le pourvoi contre les jugements rendus en dernier ressort et les arrêts des Cours d'Appel des Etats dans des affaires relatives à l'interprétation et à l'application des Actes Uniformes

OHADA. Dans ce cas de cassation, la Cour Commune évoque et statue sur le fond.

2- La Cour Suprême pour le pourvoi exercé contre les jugements rendus en dernier ressort et les arrêts des cours d'appel statuant dans les autres matières autres que celles relatives à l'application des actes uniformes OHADA. Après cassation, la cour suprême renvoie la cause et les parties devant une juridiction de même ordre ou degré que celle qui a rendu la décision annulée ou même devant la même juridiction autrement composée. Il peut arriver que la Cour Suprême casse sans renvoi ; dans ce dernier cas la décision première sort son plein et entier effet ; cela résulte de l'article 651CPCCS.

La cour peut selon le cas déclarer irrecevable le pourvoi, déclarer la déchéance ou rejeter le pourvoi.

En plus du pourvoi ouvert aux parties au procès, la loi prévoit deux autres catégories de pourvoi dans l'intérêt de la loi :

Comme leur nom l'indique, ces pourvois n'ont pas pour objet et pour résultat (unique tout au moins) de servir l'intérêt des parties et d'enlever à la décision attaquée l'autorité de la chose jugée ; leur objet essentiel est de donner à la Cour Suprême l'occasion de remplir son rôle primordial , à savoir de dire le droit , d'interpréter la loi et de servir de régulateur à la jurisprudence (la pratique du droit positif par les juridictions) .

La loi N°2016-046 DU 23 Septembre 2016 portant loi organique fixant l'organisation, les règles de fonctionnement de la Cour Suprême et la procédure suivie contre elle prévoit à l'article 88 les cas d'ouverture à pourvoi et aux articles 89 et suivants les règles particulières au pourvoi en matière civile et les règles particulières au pourvoi en matière pénale.

- le pourvoi du procureur général de la cour suprême dans l'intérêt de la loi lorsqu'il y a manifestement violation de la loi constatée par cette autorité.

- le pourvoi d'ordre du ministre de la justice lorsqu'il estime que les juges excèdent leur pouvoir. Le Procureur Général près la Cour Suprême sur prescription du ministre de la justice saisit la chambre compétente pour le réexamen de l'affaire.

Ces deux pourvois ne sont enfermés dans aucun délai.

Il faut cependant préciser que le pourvoi du PG ne peut être formé tant que les délais de pourvoi dans l'intérêt des parties ne sont pas expirés.

XVII

PROCEDURE PENALE

1 - Action publique :

Définition : C'est l'action pour l'application des peines (code de procédure pénale).

L'action publique est l'action exercée au nom de la société devant le Juge répressif et qui a pour objet final l'application d'une peine à l'individu reconnu coupable d'une infraction à la loi pénale.

L'action publique, mise en œuvre du droit de punir, appartient à la société, dont c'est une prérogative exclusive.

Elle est exercée au nom de ladite société qui, seule, peut y renoncer par une loi, la loi étant l'expression de la société. L'action publique en raison de sa fonction et de son objet se trouve placée hors du commerce même lorsqu'elle a été mise en mouvement par la victime d'une infraction poursuivant la réparation de son propre préjudice.

Exception : Si nul ne peut disposer de l'action publique, il est cependant des cas où son exercice, en raison de la nature particulière de l'infraction, est subordonné de manière plus ou moins étroite à une intervention de la victime. (Adultère, injures, dénonciation calomnieuse, etc…)

Cette ancienne technique du « pardon » héritée de la poursuite du délit privé a trouvé un développement nouveau avec le droit fiscal et autres infractions économiques pour lesquelles la répression n'est qu'un moyen parmi d'autres pour faire respecter la loi.

L'action publique qui est exercée au nom de la société n'appartient à personne, même pas aux autorités investies du pouvoir de poursuites.

Différentes personnes ont le pouvoir de la mettre en mouvement sans en avoir ensuite l'exercice.

Il convient donc de distinguer la mise en mouvement de l'action publique d'avec son exercice. L'exercice de l'action publique est réservé aux magistrats du ministère public ou exceptionnellement à des fonctionnaires qualifiés de l'administration publique. (Exemple : administration des eaux et forêts, des douanes).

Le ministère public est investi d'un droit de principe quant à la mise en mouvement et à l'exercice de l'action publique.

Le ministère public n'ayant pas le droit de disposer de l'action publique, ne peut ni par abandon des poursuites, ni par voie d'acquiescement, ni par voie de transaction, éteindre l'action publique ou mettre fin à son cours sauf dans les cas spécifiques d'autorisation de la loi (exemple : médiation pénale).

Conséquences : Désistement d'appel.

Le Ministère public, qui a mis en mouvement l'action publique et qui en assure l'exercice ne peut se désister de son appel, mais les autres parties au procès notamment la partie civile peuvent le faire, pour des raisons qui leurs sont propres.

Le ministère public ne peut se désister de son appel car il ne dispose pas de l'action publique.

2 - Saisine du Juge d'Instruction et refus d'informer :

Règle : Le Juge d'Instruction lorsqu'il est saisi est en principe tenu de procéder à l'information judiciaire, toute chose qui lui permet d'apprécier le bien-fondé d'une dénonciation, d'une plainte. Il ne saurait à priori procéder à des analyses anticipées et souvent subjectives pour fonder son refus d'informer.

Un tel refus d'informer doit être sanctionné par la Chambre de contrôle du Juge d'Instruction.

3 - Inculpé en fuite et respect des droits de la défense :

Il a été suffisamment et constamment établi par la jurisprudence et la pratique des juridictions pénales que l'inculpé ou la personne mise en cause en fuite ou qui s'est réfugié à l'étranger perdrait le bénéfice des garanties légales.

Cette personne ne pourrait plus invoquer et exiger ces garanties légales attachées au respect des droits de la défense.

(Crim 11 Août 1858, Bull crim N°291).

De même l'instruction ne saurait être remise en cause, quand le défaut d'interrogatoire provenait du fait que l'inculpé ou la personne poursuivie n'avait pas obéi aux mandements de justice délivrés contre lui, et ou qui s'est dérobé par sa fuite à leur exécution.

Ces personnes ne sauraient non plus être recevables à exercer par mandataire aucun recours contre les actes d'information judiciaire ou contre leur renvoi devant une juridiction de jugement. (Crim 26 Mars 1968 Bull crim N°102 – Crim Janvier 1994 N°93 - 80 – 163 Bull crim N°27 – Crim 21 Janvier 1965 Bull 22 – Crim 3 Octobre 1989 Bull 334).

4 - Recel, appréciation de la bonne foi.

Règle : « Le recel est un acte intentionnel qui suppose la connaissance par son auteur de l'origine frauduleuse de la chose.

La bonne foi d'un possesseur est toujours présumée, il appartient à celui qui allègue sa mauvaise foi de la prouver ». C'est la charge de la preuve.

Jurisprudence : « Les tribunaux apprécient souverainement, au vu des éléments de preuve ou de charges régulièrement présentés, la régularité de la possession et la bonne foi dont peut se prévaloir l'acquéreur ou le détenteur d'un bien mobilier ».

Réf (Arrêt chambre crim 1995 – 05 – 04 Bull crim N°165 – P 465 Bull 2005 N°37 – P109).

5 - Rôle de l'Avocat dans la procédure pénale :

En matière pénale et notamment à la phase de l'instruction préparatoire, les droits de la défense sont efficacement garantis par la présence de l'avocat qui a pour principal rôle d'assister son client mis en cause.

En raison de son savoir-faire l'avocat joue également auprès de son client un rôle de conseil avisé, ainsi dès l'enquête préliminaire il assure la défense de la personne mis en cause (Article 9 in fine constitution du Mali).

Cependant, si pour la partie civile, l'avocat assiste et représente la victime, il n'en est pas de même pour l'inculpé ou la personne poursuivie qui ne peut être représentée par l'avocat que dans des cas limitativement prévus par la loi pénale (Cf. articles 396 et 397 code de procédure pénale).

En général, en procédure pénale l'avocat a un rôle d'assistance et de conseil. La loi ne lui accorde qu'exceptionnellement le pouvoir de représentation de son client.

XVIII

LA DEFENSE DES INTERETS DE L'ETAT

1. La défense de l'Etat

Dans les principes qui gouvernent l'organisation judiciaire, il y a l'égalité de tous devant la justice. L'Etat, dans toute sa puissance publique, ne fait pas exception à la règle.

La possibilité donnée par la loi à un homme, personne physique, d'ester ou se défendre en justice est également accordée à l'Etat, personne morale de droit public.

L'Etat s'étant révélé comme un sujet de droit soumis aux mêmes règles que les particuliers, il a, dans l'organisation de ses services, aménagé un système pour la défense de ses intérêts devant les juridictions. Ce premier réflexe de défense est apparu dans le Décret N°161/PG-RM du 31 décembre 1966 portant création du Secrétariat général du Gouvernement. Avec ce texte, nous avons vu apparaître un service qui sera désormais chargé de la défense des intérêts de l'Etat et des autres collectivités publiques, c'était la Section du Contentieux.

L'article 7 du Décret N°161 disposait que *« la Section du Contentieux est chargée de suivre le règlement de toute affaire contentieuse intéressant l'Etat et les autres collectivités publiques. En liaison avec les ministères intéressés, elle assure la défense des intérêts de l'Etat et des autres collectivités publiques devant les tribunaux »*.

Le Décret N°135/PG-RM du 19 mai 1988 a érigé la Section du Contentieux en une division en précisant à l'article 13 que : *« la Division du Contentieux est chargée de rédiger au nom des services de l'Etat, des collectivités publiques et des organismes personnalisés, les requêtes, mémoires et répliques destinés aux juridictions et organismes juridictionnels... »*.

Il faut préciser que ces nouvelles missions, disons purement judiciaires du Contentieux, ont été fortement influencées par l'environnement législatif de l'époque. En effet, c'est par les Lois N°88-43/ANRM du 18 mars 1988 et N°88-44/ANRM du 18 Mars 1988 que l'Assemblée Nationale a adopté les textes portant statut du barreau et statut des conseils juridiques.

La Division du Contentieux considérée à l'époque comme l'avocat de l'Etat, s'est vue dotée des mêmes prérogatives accordées aux avocats et conseils juridiques.

La Division du Contentieux a connu des fortunes diverses. Les multiples difficultés qui ont parsemé son chemin ne lui ont jamais permis de remplir ses missions à hauteur de souhait et les « mauvaises langues » n'hésitaient pas à claironner que « l'Etat perd tous ses procès ».

C'est certainement en prenant conscience qu'une simple division du Secrétariat général du Gouvernement avec des moyens humains et matériels qu'on lui connaissait ne pouvait assurer à l'Etat la défense de ses intérêts, que les autorités ont envisagé une grande réforme qui a consisté en la création d'un service central chargé d'assurer la défense, l'assistance et la représentation de l'Etat, des services et organismes publics devant les juridictions.

Cette réforme a abouti en 2000 à la création de la Direction générale du Contentieux de l'Etat.

2. La Direction générale du Contentieux de l'Etat

La Direction générale du Contentieux de l'Etat est créée par l'Ordonnance N°00-066/PRM du 29 septembre 2000.

Le texte de création lui assigne des missions générales et spécifiques.

L'article 2 de l'Ordonnance dispose que « la Direction générale du Contentieux de l'Etat a pour mission d'élaborer les éléments de la politique nationale en matière de prévention et de gestion des affaires contentieuses intéressant l'Etat, les établissements publics à caractère administratif et les établissements publics à caractère scientifique, technologique ou culturel ».

En plus de ces missions générales, la Direction générale du Contentieux de l'Etat est chargée, poursuit l'article 2 :

1 d'assister l'Etat et les organismes personnalisés sus - cités dans les questions des procédures notamment dans les phases pré - contentieuses et arbitrales,

2 d'organiser la représentation de l'Etat et des organismes personnalisés devant les juridictions judiciaires et administratives,

3 de rédiger au nom de ces services et organismes, les requêtes, mémoires et répliques destinés aux juridictions et institutions juridictionnelles,

4 d'intervenir oralement devant lesdites juridictions et institutions pour préciser les prétentions desdits services et organismes et soutenir leurs conclusions et mémoires en défense avant la clôture des débats,

5 d'exercer toute voie de recours en leur nom,

6 d'assurer la procédure de constitution de partie civile devant les juridictions répressives,

7 de veiller à l'exécution des décisions de justice dans lesquelles sont parties l'Etat et les organismes personnalisés susvisés,

8 d'émettre les états de liquidation en vue du recouvrement par le Trésor public des créances de l'Etat résultant des procédures judiciaires dont elle aura assuré la gestion et toutes autres créances de l'Etat et organismes personnalisés susvisés .

Il apparaît à la lecture de l'article 3 que l'intervention du Contentieux de l'Etat auprès des collectivités territoriales décentralisées n'est pas de droit ; elle ne s'opère qu'à la demande de celles-ci à condition que l'Etat et les organismes personnalisés visés à l'article 2 ne soient partie au procès, notamment lorsqu'ils auront des intérêts opposés à ces collectivités territoriales.

La loi permet à la Direction générale du Contentieux d'éviter des procès à l'Etat par l'usage de la transaction ou du concordat amiable ou judiciaire.

Il faut préciser cependant qu'à ce jour, le Décret de mise en œuvre relatif à la transaction ou au concordat n'était pas encore pris, ce qui nous paraît fortement préjudiciable à l'Etat qui doit privilégier ce mode alternatif du règlement de litige. L'Etat, en tout état de cause, doit éviter toujours d'être au prétoire pour éviter la banalisation de la puissance publique.

L'article 5 dispose pour sa part que *« la Direction générale du Contentieux de l'Etat peut également dans l'accomplissement de ses missions, requérir ou s'attacher le service de cabinets d'avocats, d'experts, de notaires, d'huissiers et de consultants indépendants dont les tâches, les rétributions et honoraires seront fixés conformément aux dispositions législatives et réglementaires en vigueur ».*

L'exercice de ses attributions en l'absence d'un cadre formel de mise en œuvre pose des problèmes qu'il est urgent de régler pour permettre au Contentieux de l'Etat d'être plus opérationnel.

Du fait qu'il exerce une mission de service public, la loi a doté le Contentieux de l'Etat de privilèges spéciaux.

Devant les juridictions, il est dispensé de la consignation civile ou pénale, il est également dispensé de déposer caution, l'Etat étant toujours présumé solvable.

Comme nous le constatons dans notre pratique de tous les jours, la présence constante du Contentieux pour la défense des intérêts de l'Etat, nous fait penser que l'Etat du Mali a pris la meilleure option avec cette formule d'organisation (voir cadre organique) où toutes les natures de contentieux sont prises en charge, que le litige soit administratif, judiciaire ou économique.

Avec cette forme d'organisation, nous n'avons rien à envier à ce qui se passe dans les Etats voisins et même chez celui qui nous inspire, la France.

En France, depuis la Loi du 3 avril 1995, l'Agent Judiciaire du Trésor est le représentant de l'Etat français devant les juridictions.

En effet, l'article 38 de cette Loi dispose : « toute action portée devant les tribunaux judiciaires et tendant à faire déclarer l'Etat créancier ou débiteur pour des causes étrangères à l'impôt et au domaine doit, sauf exceptions prévues par la loi, être intentée à peine de nullité pour ou contre l'agent judiciaire du Trésor public ».

En Côte d'Ivoire, au Sénégal, en Guinée, on retrouve le même système de l'Agence Judiciaire du Trésor.

En Côte d'Ivoire, par exemple, l'Arrêté N°0452/MEFP/DCPT du 21 juin 1994 dispose que ; article 3 « l'agent judiciaire du Trésor est chargé du règlement des affaires contentieuses où l'Etat est partie et de la représentation de l'Etat devant les instances judiciaires et commissions. Toute action portée devant les juridictions ou commissions et tendant à faire déclarer l'Etat créancier ou débiteur pour des causes étrangères à l'impôt et au domaine doit, sauf exception prévue par un texte spécial, être intentée à peine de nullité par ou contre le ministre chargé de l'Economie et des Finances ou l'agent judiciaire du Trésor ».

L'article 4 dispose que « dans l'exercice de ses attributions, l'agent judiciaire du Trésor peut élire domicile chez un avocat ou désigner un mandataire pris parmi les agents de l'administration ou de toute autre personne ayant des connaissances juridiques ou techniques en relation avec le problème qui lui est soumis ».

Il peut, dit l'article 7, recevoir mandat spécial de toutes les administrations publiques ou parapubliques pour les représenter dans une instance judiciaire ou extrajudiciaire.

En Guinée, l'article 2 du Décret N°93-176 du 13 septembre 1993 dispose que : « sous l'autorité du Ministre chargé des Finances, l'Agent Judiciaire de l'Etat , de niveau hiérarchique équivalent à celui d'une Direction nationale de l'administration centrale a pour mission la mise en œuvre de la politique du gouvernement dans les domaines de la réglementation des affaires contentieuses où l'Etat est partie et la représentation de l'Etat dans les instances judiciaires ».

Nous avons volontairement évoqué l'organisation de ces Etats dans ce domaine spécifique pour permettre de comprendre que le Mali a opté pour un système complet et harmonisé capable d'assurer la défense des intérêts de l'Etat dans tous les domaines du Contentieux.

XIX
LE DROIT DES SUCCESSIONS AU MALI

La coexistence de diverses règles contradictoires sur les aspects les plus importants du droit de la succession comme par exemple la qualité des héritiers ou la part de la fille et celle du garçon ont soulevé des difficultés qui malgré l'adoption de la loi N°2011-087 du 30 Décembre 2011 portant code des personnes et de la famille continue de faire polémique.

On parle de succession chaque fois qu'une personne décède en laissant des héritiers et des biens.

L'article 170 du Code civil français de 1804 énonce de façon péremptoire que la succession s'ouvre par la mort naturelle ou la mort civile.

Au Mali, il a fallu attendre 2011 pour voir le législateur adopté une loi portant sur le droit de la succession.

Le livre VII du code des personnes et de la famille est titré « Des successions ».

L'article 751 de cette loi dispose : « l'héritage est dévolu selon les règles du droit religieux, coutumier ou selon les dispositions du présent livre. »

Ainsi la succession sera désormais dévolue selon trois règles :

- Soit suivant le droit religieux,
- Soit suivant la coutume établie,
- Soit suivant les règles établies par le code des personnes et de la famille.

Ainsi l'article 751 poursuit : « Les dispositions du présent livre s'appliquent à toute personne :

- Dont la religion ou la coutume n'est pas établie par écrit, témoignage, par le vécu ou la commune renommée ;
- Qui de son vivant, n'a pas manifesté par écrit ou par devant témoins sa volonté de voir son héritage dévolu autrement ;

- Qui de son vivant n'a pas disposé par testament de tout ou partie de ses biens, sauf la mesure compatible avec la réserve héréditaire et les droits du conjoint survivant.

Nul ne peut déroger aux règles du mode de dévolution successorale retenu.

En réalité le droit de succession fait recours à une multitude de règles toutes empruntées aux règles écrites, au code civil français, à la coutume, à la jurisprudence et enfin aux règles coraniques selon les divers rites sunnites, malekites.

Historiquement, le livre troisième du code civil (code Napoléon de 1804) portant droit des successions a été promulgué en Afrique occidentale française. Du fait de cette promulgation, il a été rendu applicable dans tous les pays de l'AOF. Cette situation a continué jusqu'à l'indépendance du Mali en 1960. A côté de cette règle du code civil, ont existé nos règles coutumières de la transmission des biens de la personne décédée à ses héritiers.

Du fait de l'islamisation de notre société, comme le dirait Guy Kouassigan « les coutumes en Afrique se sont islamisées », les règles coraniques de la succession ont eu tendance à supplanter toutes les autres.

La coexistence de ces diverses règles contradictoires sur les aspects les plus importants du droit de la succession notamment la qualité des héritiers, la part de la fille et du garçon, ont posé des difficultés que l'adoption du code ne semble pas définitivement résoudre.

La matière étant toujours considérée, au sens de l'organisation judiciaire, comme matière coutumière.

La loi portant réorganisation judiciaire dispose que les tribunaux lorsqu'ils statuent en matière coutumière, sont complétés par deux assesseurs de la coutume des parties ; les deux assesseurs ont voix délibérative.

Nous allons voir que dans la pratique, le juge aura recours souvent à toutes les règles ; par exemple il fera recours à la règle écrite en exigeant un acte de mariage pour déclarer héritier le conjoint survivant ou un acte de naissance pour les enfants. Par contre pour la détermination de la masse successorale c'est-à-dire des biens du défunt, il aura tantôt recours à la coutume pour savoir si par exemple le champ de culture de tenure coutumière laissé par le défunt est un bien personnel ou communautaire, tantôt il aura recours aux titres administratifs de propriété.

Pour le partage des biens (généralement fait par le notaire) on aura recours au droit musulman pour attribuer les parts de chaque héritier si le défunt est musulman. S'il est d'une autre religion ou d'une coutume non établie on aura recours au code civil pour déterminer les parts de chaque héritier.

A. De la procédure d'ouverture de la succession

Des frères et sœurs qui s'étripent pour des biens ayant appartenu à leurs parents. Des enfants qui piaffent d'impatience que leur géniteur casse la pipe pour se jeter sur sa fortune…

Assurément, les histoires d'héritage se suivent, ne se ressemblent certes pas mais soulèvent toujours la même passion, conduisant parfois malheureusement au drame. Pour succéder dit-on il faut survivre au défunt ou de cujus.

L'article 754 dispose : « lorsque plusieurs personnes appelées à la succession, l'une de l'autre, périssent dans un même évènement ou dans des évènements concomitants sans que l'ordre de décès soit connu, le plus jeune est présumé avoir survécu au plus âgé.

Le premier acte judiciaire après le décès est ce qu'on appelle communément **le jugement d'hérédité**. Il survient suite à une requête adressée au président du tribunal ou du juge de paix à compétence étendue.

QUI PEUT FAIRE CETTE REQUETE ?

Dans la pratique, la requête peut être formulée par toute personne qu'elle soit héritière ou non du de-cujus (la personne décédée). La demande de jugement d'hérédité peut être faite par les enfants, le conjoint survivant ou la conjointe survivante selon le cas, les père et mère du défunt, ses frères, ses amis et même souvent les agents des services sociaux des armées pour les militaires décédés, le service contentieux de la gendarmerie pour les gendarmes décédés.

Le jugement d'hérédité a pour principal but de déterminer les héritiers d'une personne qui décède. Cette détermination ne débouche pas nécessairement sur l'ouverture d'une succession. Le jugement d'hérédité peut être demandé pour des raisons purement administratives ou bancaires. Le jugement précisera l'identité de tous les héritiers c'est-à-dire tous ceux qui ont survécu au de-cujus, au défunt.

La juridiction se fonde généralement sur les actes d'état civil présentés pour dire quels sont les héritiers. C'est sur le fondement de ces règles que les enfants excluent tous les autres ordres d'héritiers, excepté le conjoint survivant et les ascendants en ligne directe (les père et mère du défunt). Toutes ces personnes doivent prouver leur lien avec le défunt par présentation d'actes administratifs.

QUEL EST LE TRIBUNAL COMPÉTENT ?

La loi déclare que le lieu d'ouverture de la succession est le lieu du décès. A cette notion de lieu de décès, la jurisprudence pour des raisons plus pratiques, a admis la notion de principal établissement ou la résidence principale de la personne décédée. Par exemple, une personne domiciliée à Mopti est évacuée à l'hôpital du Point G pour des soins médicaux. Si cette personne décède dans cet hôpital, on ne peut pas dire que le tribunal compétent est le tribunal de la commune III. Dans ce cas, le tribunal compétent sera le tribunal de Mopti, le lieu où se trouvent certainement les héritiers et les biens de la personne décédée. Le jugement d'hérédité est un jugement déclaratif par lequel le juge détermine les personnes qualifiées pour hériter. Ce jugement n'est pas définitif ce qui explique que le tribunal emploie toujours la formule « sont héritiers présentement connus de X : son épouse Y et ses enfants… ». Cette précaution est nécessaire car des héritiers peuvent se révéler même après le partage de la succession.

Comme précisé plus haut, au cours du jugement, toutes les personnes se déclarant héritières doivent faire la preuve de leur qualité. Il s'agit de produire les actes administratifs qui, en la matière, constituent la seule preuve. On peut dire que le tribunal rend un jugement sur pièces. Le dossier est en réalité constitué de l'acte de décès, de l'acte de mariage de l'épouse ainsi que du certificat de vie collectif car pour hériter, il faut survivre au défunt. S'il n'y a pas d'enfant et que ce sont les frères et sœurs qui doivent hériter, ils apporteront les actes d'état civil prouvant leurs liens avec la personne décédée.

L'épouse qui ne peut justifier d'un acte de naissance (civil ou religieux) ne saurait prétendre figurer dans le jugement d'hérédité. Les mariages coutumiers ou religieux existant avant 1962 sont reconnus par la loi même en l'absence d'acte de mariage.

Seules les personnes figurant au rang d'héritiers dans le jugement d'hérédité ont droit à une part dans la succession. Elles excluent tous les autres non qualifiées.

Après l'établissement du jugement d'hérédité la seconde phase de la procédure sera **le partage de la succession.**

L'instance en partage de succession est autonome, en ce qu'elle ne représente pas la suite du jugement d'hérédité.

Nul n'est contraint à rester dans l'indivision dit l'article 849 du code des personnes et de la famille. L'indivision est la situation de la succession avant le partage entre successibles.

Tout héritier qui souhaite le partage doit en faire expressément la demande.

La requête sera adressée au Président du Tribunal compétent. Nul ne peut faire cette demande s'il n'est héritier. Le tuteur légal ou désigné par le conseil de famille peut ester pour les enfants mineurs dont il assure la tutelle.

Il suffit qu'un seul héritier fasse la demande pour déclencher la procédure de partage successoral.

Il n'est pas nécessaire que chaque héritier fasse la demande, une seule suffit.

La juridiction saisie procède à la vérification de la qualité des héritiers établie par le jugement d'hérédité.

Il procède ensuite à la composition de la masse successorale à partir des renseignements et indications fournis par les héritiers ou toute autre personne susceptible de fournir des renseignements sur le patrimoine du défunt.

Seront pris en compte dans la masse l'actif et le passif c'est-à-dire les biens et les dettes de la succession.

Il sera procédé à toutes expertises pour déterminer la valeur des biens de la succession.

Le juge peut prendre toutes mesures conservatoires pour sauvegarder les biens de la succession. Il peut désigner un administrateur séquestre qui a l'obligation de lui rendre compte de sa gestion des biens.

Lorsque la masse sera constituée deux solutions s'offrent à la juridiction :

- Si les héritiers le demandent, la juridiction, après avoir constaté et déclaré la consistance de la masse successorale, renvoie les parties à leur religion ou coutume établie pour le partage.

- La juridiction peut également, après avoir déclaré la consistance de la masse, renvoyer les parties devant un notaire pour procéder au partage.

Aux termes de l'organisation judiciaire, le juge dans l'examen de ces affaires est toujours assisté de deux assesseurs de la coutume des parties qui ont voix délibérative.

Tous les jugements rendus en cette matière sont susceptibles de recours.

B. Le Testament

La loi autorise toute personne de régler la destination de ses biens avant son décès. Elle peut le faire par le testament.

La loi définit le testament comme l'acte par lequel le testateur dispose pour le temps où il n'existera plus, de tout ou partie de ses biens. Le testament est toujours un acte écrit qui transmet la volonté d'une personne sur le sort de ses biens après sa mort.

Le code des personnes et de la famille, à l'instar du code civil, a prévu trois formes de testament qui sont :

3 Le testament olographe,

4 Le testament fait par acte public,

5 Le testament mystique ou secret.

1- Le testament olographe dit l'article 1026 du code des personnes et de la famille est celui qui est écrit en entier et signé de la main du testateur. Il apparaît à la lecture de l'article 970 du code civil, que l'écriture du testateur doit être reconnaissable. Les tribunaux n'admettent pas qu'un document dactylographié puisse tenir lieu de testament olographe même si le testateur y a apposé sa signature.

2- Le testament par acte public est celui qui est reçu par le notaire sous dictée directe du testateur. Le code des personnes et de la famille qui est la loi positive aujourd'hui au Mali exige que ce genre de testament soit reçu par deux notaires ou par un notaire assisté de deux témoins instrumentaires. Dans l'un ou l'autre cas, il doit être donné lecture au testateur et mention sera faite dans le testament. Il faut préciser que ni les héritiers et ni les clercs du notaire ne peuvent servir de témoins dans l'acte. Le testament sera signé par le testateur, le notaire et les témoins.

3- Le testament mystique ou secret. Il s'agit d'un testament fait à l'insu de tous par le testateur. Le testament sera présenté au notaire dans une enveloppe close et scellé de façon à dissimuler le contenu. Le testateur le présentera ainsi clos et scellé au notaire et à deux témoins où il le fera clore et scellé en leur présence sans qu'ils ne puissent en découvrir le contenu. Il déclarera que le contenu de ce papier est son testament signé de lui et écrit par lui ou par un autre, en affirmant dans ce dernier cas, qu'il a personnellement vérifié le libellé. Il indique le mode d'écriture soit à la main, soit à la machine ou à l'ordinateur. Le notaire dans le cas du testament mystique ne fera que rédiger un acte du dépôt appelé acte de suscription avec les mentions sur l'enveloppe même. Il portera la date et le lieu. Cet acte sera signé par le notaire, le testateur et les témoins. La date ne sera pas celle du testament mais celle de l'acte de suscription dressé par le notaire.

A côté de ces trois testaments, la loi a prévu des règles particulières sur la forme de certains testaments. Il s'agit du testament des militaires en campagne. Ces testaments peuvent selon le cas être reçus :

- soit par un officier supérieur ou médecin militaire d'un grade correspondant en présence de deux témoins,
- soit par deux fonctionnaires de l'intendance ou officiers de commissariat,
- soit par un fonctionnaire d'intendance ou un officier en présence de deux témoins,
- soit dans un détachement isolé par l'officier commandant assisté de deux témoins.

Dans ces divers cas, il sera fait un double original du testament. Les deux originaux seront adressés par courrier séparé au Ministère chargé de la Défense sous plis clos et cachcté pour être déposé chez le président de la Chambre des notaires si le testateur n'a pas indiqué son notaire.

C. Les limites de la libre distribution de son patrimoine.

Il faut préciser que si un homme a la liberté de disposition sur ses biens, il y a des règles auxquelles il doit se plier dans la libre distribution de son patrimoine.

La loi a divisé le patrimoine en deux parties : la quotité disponible et la réserve légale héréditaire.

La loi admet que sur vos biens, il n'y a qu'une partie que vous pouvez distribuer à qui vous voulez, mais qu'il y a une autre partie qui doit obligatoirement revenir à vos héritiers.

Le code prévoit que « les libéralités soit par actes entre vifs (donation) soit par testament ne pouvant excéder la moitié des biens du disposant, s'il ne laisse à son décès qu'un enfant, le tiers s'il laisse deux enfants, le quart s'il en laisse trois ou un plus grand nombre… ».

Le testateur ne pourra disposer de tous ses biens que lorsqu'il sera prouvé qu'il n'a aucun héritier ascendant ou descendant.

Il est évident que les notaires qui sont les spécialistes de cette matière vous donneront toujours les réponses légales à vos préoccupations.

XX

LES PRIVILEGES ET IMMUNITES

Dans une étude intitulée « *les immunités* » l'ancien professeur de L'ENA et ancien conseiller technique au Ministère de la justice, Pierre GRAPINET expose sur un sujet qui, il y a quelques années, a défraye la chronique à la suite de la mise en cause dans une procédure pénale d'un député à l'Assemblée Nationale du Mali ; Il s'agit de l'Immunité Parlementaire, des poursuites et de la protection des députés contre les arrestations.

En raison de l'importance du sujet et pour une meilleure information du citoyen nous nous sommes inspirés de cette étude que nous avons mise au goût du jour avec les adaptations nécessaires.

A l'instar des Etats démocratiques, l'article 2 de la constitution du 25 février 1992 le Mali proclame « Tous les Maliens naissent et demeurent libres et égaux en droits et devoir… ».

Aussi au nom de l'égalité de tous devant la justice, le droit applicable, d'une manière générale est le même pour tous en République du Mali, de même que la justice est rendue de manière identique pour tous.

C'est là un principe essentiel et de surcroît excellent, mais tous les principes subissent quelques exceptions ou atténuations, c'est pourquoi il est bon de bien situer les choses relativement au principe, suivant lequel les justiciables maliens sont égaux devant la justice.

Au Mali il existe, sinon de véritables privilèges de juridictions, du moins quelques règles particulières à certaines catégories de justiciables ainsi que certaines « immunités de juridictions » qui sont parfois présentées, de manière tout à la fois inexacte et abusive comme des privilèges.

Ces privilèges apparents ne constituent en réalité que des mesures de sauvegarde judiciaire pour que soient respectés, d'une part le jeu des institutions démocratiques, c'est le cas de l'immunité parlementaire et d'autre part pour la paix et les relations internationales, c'est le cas de l'immunité diplomatique.

Ces « privilèges » peuvent enfin constituer des mesures pour assurer l'efficacité et la dignité, pour l'exercice de certaines fonctions, c'est le cas des rares privilèges de juridictions accordées à certains agents de l'Etat.

La présente mise au point en ce qui concerne l'immunité parlementaire sans qu'il soit nécessaire d'entrer dans une étude approfondie, aura pour finalité d'avoir une connaissance générale du concept.

Il faudra dès à présent faire la différence entre l'immunité des députés et les privilèges juridictionnels édictés encore aujourd'hui en faveur d'une catégorie de hauts serviteurs de l'Etat en raison de la dignité et l'efficacité dans l'exercice de leur fonction. Il s'agit des membres du gouvernement, des personnes ayant rang et prérogatives de ministre, des membres de la Cour Suprême, des Gouverneurs de Région et du District, des Magistrats de l'ordre Judiciaire et Administratif et enfin des Officiers de police judiciaire.

A. Privilèges de juridictions : cas des articles 623 et 625 du Code de Procédure Pénale.

Le chapitre 10 du CPP traite « Des poursuites contre les membres du gouvernement, les magistrats, les parlementaires et certains fonctionnaires.

Pour rappel deux articles ayant fait l'objet de beaucoup de débats juridiques ces derniers temps, il s'agit des articles 613 et 616 Code de Procédure Pénale.

Article 615 « Les Ministres susceptibles d'être inculpés à raison des faits qualifiés de crimes ou délits commis dans l'exercice de leurs fonctions ainsi que leurs complices en cas de complot contre la sûreté intérieure de l'Etat sont justiciables de la Haute Cour de Justice dans les formes et conditions définies par la loi fixant la composition, les règles de fonctionnement de la Haute Cour de Justice et la procédure suivie devant elle. ».

Article 616 « Lorsqu'une personnalité ayant rang et prérogatives de Ministre, un membre de la Cour Suprême ou de la Cour Constitutionnelle, un Haut-Commissaire –Gouverneur-, un magistrat de l'ordre judiciaire ou de l'ordre administratif ou un juge consulaire est susceptible d'être inculpé d'un crime ou délit dans l'exercice de ses fonctions, le procureur de la République compétent ou le magistrat qui le remplace réunit les éléments d'enquête et transmet sans délai le dossier au Procureur Général près la Cour Suprême qui apprécie la suite à donner.

S'il estime qu'il y'a lieu à poursuivre, le procureur général requiert l'ouverture d'une information.

A cet effet il saisit le bureau de la Cour Suprême aux fins de désignation d'une chambre civile pour connaître de l'affaire.

Article 618 « La chambre désignée ou saisie commet un de ses membres pour procéder ou prescrire les actes d'instruction nécessaires, dans les formes et conditions prévues par le présent code...

Après ce bref aperçu nous allons nous intéresser au cas des Officiers de Police Judicaires susceptibles de poursuites pour crimes ou délits commis dans ou hors l'exercice de ses fonctions.

Il faut rappeler qu'aux termes du code de procédure pénale –article 33- il s'agit des maires et de leurs adjoints, des officiers et sous-officiers de la gendarmerie et de la police exerçant dans les unités d'enquêtes les missions de police judiciaire et tous autres agents de l'Etat investis de cette qualité.

L' article 623 CCP dispose « Lorsqu'un officier de police judiciaire ou un délégué du gouvernement est susceptible d'être inculpé d'un crime ou d'un délit qui aurait été commis dans la circonscription où il est territorialement compétent , hors ou dans l'exercice de ses fonctions, le procureur de la république saisi de l'affaire présente sans délai, requête à la chambre criminelle de la Cour Suprême, qui procède et statue comme en matière de règlement de juges et désigne la juridiction chargée de l'instruction ou du jugement de l'affaire.

Les mêmes dispositions sont applicables à l'occasion d'un crime ou d'un délit commis dans ou hors de l'exercice de ses fonctions par un député dans le ressort de sa circonscription électorale.

La chambre criminelle se prononce dans la huitaine qui suit le jour auquel la requête lui est parvenue. »

IL est dit à l'article 625 « Jusqu'à la désignation de la juridiction compétente comme il est dit ci –dessus, la procédure est suivie conformément aux règles de compétence du droit commun. ».

Il apparaît à l'analyse que la mention **« présente sans délais requête »** imposée au procureur de la république par le code de procédure pénale ne saurait souffrir d'aucune ambigüité, elle est préalable à toutes autres mesures prises avant la saisine de la Cour Suprême, ainsi l'application de l'article 625CPP ne peut être envisagée qu'après cette saisine imposée par l'article 623CPP et pour la période comprise entre la saisine de la chambre criminelle et la désignation d'une juridiction, cette désignation devant intervenir aux termes de l'article 623 in fine dans la huitaine qui suit le jour de la réception de la requête par la chambre.

Ainsi toute poursuite déclenchée par le parquet d'instance avant la saisine de la chambre criminelle est de nature à vider de sa substance les mesures de protection des droits de la défense édictées au chapitre 10 du Code de Procédure Pénale.

Il s'agit là d'une violation des règles de procédure ayant un caractère d'ordre public, d'une violation de règles substantielles du code de procédure pénale dont la sanction est la nullité conformément à l'article 177 CCP.

IL convient pour ces motifs à la Chambre d'Accusation saisie de cette violation de prononcer l'annulation de tous les actes de poursuites et d'instruction réalisés avant la saisine de la Cour Suprême. En application de l'article 178 les actes annulés seront retirés du dossier de la procédure et déposés au greffe de la Cour d'appel.

B. L'Immunité parlementaire

On range dans cette dénomination les règles assurant aux membres de l'Assemblée Nationale une protection contre les actions judiciaires que pourraient vouloir intenter contre eux soit par le gouvernement, soit par des particuliers.

Cette immunité n'est pas une faveur personnelle ou des privilèges établis dans l'intérêt de ces personnalités, mais des règles constitutionnelles, d'intérêt public qui tendent à garantir l'indépendance des parlementaires et le libre fonctionnement de l'Assemblée Nationale.

La loi fondamentale portant Constitution du 25 Février 1992 édicte dans son article 62 les deux immunités traditionnelles reconnues aux députés : l'irresponsabilité et l'inviolabilité.

Ce texte s'inspire fortement de l'article 26 de la constitution Française du 4 Octobre 1958 qui avait elle-même consacré cette immunité.

Dans l'histoire des démocraties, les membres du pouvoir législatif ont toujours été avantagés sur ce plan par rapport à ceux du pouvoir exécutif qui ne bénéficient d'aucune immunité de cette nature. Ces derniers peuvent au contraire être poursuivis devant la Haute Cour de justice dans les conditions définies par la Constitution.

L'article 95 de la constitution du 25 Février 1992 prévoit que la « Haute Cour de justice est compétente pour juger le Président de la République et les Ministres mis en accusation devant elle par l'Assemblée Nationale pour haute trahison ou à raison de crimes et délits commis dans l'exercice de leurs fonctions ainsi que leurs complices en cas de complot contre la sûreté de l'Etat »

Aux termes de l'article 96 la haute Cour de Justice est composée de membres désignés par l'Assemblée Nationale à chaque renouvellement général.

Irresponsabilité et inviolabilité parlementaire

L'irresponsabilité parlementaire est consacrée par l'alinéa 2 de l'article 64 de la constitution qui stipule : *«Aucun membre de l'Assemblée Nationale ne peut être poursuivi, recherché, arrêté ou jugé à l'occasion des opinions ou votes émis par lui dans l'exercice de ses fonctions »*.

L'inviolabilité parlementaire est consacrée par l'article 62 al 3, 4, et 5 de la constitution :

Al 3 *« Aucun membre de l'Assemblée Nationale ne peut, pendant la durée des sessions être poursuivi, ou arrêté, en matière criminelle ou correctionnelle qu'avec l'autorisation de l'Assemblée Nationale, sauf en cas de flagrant délit »*

Al 4 *« Aucun membre de l'Assemblée Nationale ne peut hors session être arrêté qu'avec l'autorisation du Bureau de l'Assemblée Nationale, sauf les cas de flagrant délit, de poursuite autorisée ou de condamnation définitive »*

Al 5 *« La détention ou la poursuite d'un membre de l'Assemblée Nationale est suspendue si l'Assemblée le requiert. »*

Après une présentation générale nous allons examiner les deux types d'immunités parlementaires consacrés par la constitution du 25 Février 1992.

1. L'irresponsabilité parlementaire

L'article 62 al 1et 2 de la Constitution du Mali dispose que : *« Les députés bénéficient de l'immunité parlementaire ; aucun membre de l'Assemblée Nationale ne peut être poursuivi, recherché, arrêté, détenu ou jugé du fait des opinions ou votes émis par lui dans l'exercice de ses fonctions. »*

Cette disposition constitutionnelle se trouve précisée davantage dans les termes de la loi N°046 du 7 Juillet 2000, portant Régime de la peine de délit de presse qui dispose en son article 51 que *: « Ne donnerons lieu à aucune action, les reproductions des discours tenus pendant les sessions de l'Assemblée Nationale ainsi que les rapports ou toutes autres pièces imprimées par ordre de l'Assemblée Nationale » ;* l'alinéa 2 ajoute : *« Ne donneront lieu à aucune action les comptes rendus des séances publiques de l'Assemblée, faits de bonne foi. »*

L'interprétation de ces dispositions est stricte et restrictive. Cette immunité tend à permettre l'expression le plus libre de la volonté populaire au sein de l'Assemblée Nationale. Elle assure l'indépendance de la fonction.

L'irresponsabilité couvre tous les actes de la fonction parlementaire, discours, débats, votes, propositions de lois, questions orales, interpellations etc.... mais seulement les actes de cette fonction.

Elle ne saurait couvrir les discours tenus dans une réunion publique d'un parti politique. Elle ne couvre pas non plus les voies de faits commis dans l'enceinte du parlement, les trafics d'influence.

Les propos tenus dans une Assemblée administrative tel, par exemple un conseil municipal ne bénéficie pas de cette immunité, mais l'usage en pareille situation est de ne pas poursuivre.

L'irresponsabilité confère une immunité personnelle, c'est-à-dire qu'elle ne couvre en principe que les membres de l'Assemblée Nationale.

La pratique, peu à peu, a vu naître à côté de cette immunité personnelle une immunité dite réelle, c'est-à-dire administrative, liée à la matière relative au parlement.

C'est cette immunité réelle qui protège tous les discours tenus au sein de l'Assemblée Nationale. Ainsi, serait couvert un fonctionnaire appelé à prendre part à une discussion à l'Assemblée en qualité de commissaire du Gouvernement, un ministre appelé à soutenir un projet de loi, ou pour répondre à une interpellation ou à une question orale. La même protection est assurée à un citoyen appelé à déposer devant une commission d'enquête parlementaire.

L'Irresponsabilité parlementaire a dans son domaine d'application un caractère absolu. Elle s'oppose à toute action pénale ou civile pour les faits de la fonction parlementaire couverts par l'immunité.

Elle est perpétuelle et s'oppose aux poursuites même après l'expiration du mandat des députés.

Elle est d'ordre public et le député lui-même ne saurait y renoncer.

Le Juge saisi de poursuites pour des faits tombant sous le coup de cette immunité doit d'office l'opposer à toute personne à peine de forfaiture.

Après avoir traité les dispositions constitutionnelles qui font que le parlementaire n'est jamais tenu responsable, même après la cessation de ses fonctions, des actes de sa fonction, en raison du caractère absolu de cette immunité ; nous allons parler du deuxième type de l'immunité parlementaire, à savoir l'inviolabilité.

2. L'inviolabilité parlementaire

Ce principe trouve son fondement dans l'article 62 al 3, 4 et 5 de la Constitution du Mali.

L'alinéa 3 de l'article 62 dispose que : *« Aucun membre de l'Assemblée Nationale ne peut, pendant la durée des sessions être poursuivi ou arrêté en matière criminelle ou correctionnelle qu'avec l'autorisation de l'Assemblée Nationale, sauf en cas de flagrant délit ».*

L'alinéa 4 ajoute que : *« Aucun membre de l'Assemblée Nationale ne peut hors session, être arrêté qu'avec l'autorisation du Bureau de l'Assemblée Nationale, sauf en cas de flagrant délit, de poursuite autorisée ou de condamnation définitive ».*

L'al 5 clôture en déclarant que : *« La détention ou la poursuite d'un membre de l'Assemblée Nationale est suspendue si l'Assemblée le requiert »*

A l'examen de ses dispositions deux cas de figures peuvent se présenter :

1. Lorsque le député susceptible d'être poursuivi pénalement se trouve en session c'est l'ensemble des députés

présents à la session qui se prononcent sur la levée ou pas de l'immunité.

2. Lorsque le parlement n'est pas en session, c'est le bureau de l'Assemblée qui se prononce.

En tout état de cause l'Assemblée Nationale peut requérir la suspension de toute procédure pénale engagée contre un député.

Elle peut également requérir la mise en liberté d'un député ayant fait l'objet d'une mesure judiciaire de privation de liberté.

L'inviolabilité est purement personnelle, elle ne couvre ni le domicile, ni les lieux de travail des élus. La justice peut donc y faire des perquisitions et y opérer des saisies si elle l'estime nécessaire pour la manifestation de la vérité.

L'inviolabilité par ailleurs ne concerne que les actes qui ne rentrent pas dans l'exercice de la fonction parlementaire puisque les actes de fonction sont déjà couverts par l'irresponsabilité.

Elle couvre en définitive absolument tous les crimes et délits commis par le député, ainsi que les contraventions de simple police pouvant entraîner toute privation de liberté.

En matière civile, les députés peuvent, sans autorisation préalable de l'Assemblée Nationale, être cités à comparaître devant les juridictions civiles en réparation des dommages résultant de la commission d'un délit. Ils peuvent également être cités directement devant la juridiction civile en qualité de « civilement responsable » d'un délit. Cette pratique est logique car ces poursuites civiles ne sauraient nullement donner lieu ni à arrestation ni à emprisonnement, ni même à contrainte par corps en cas de condamnation en paiement.

S'agissant de la contrainte par corps, au Mali la solution peut être différente car contrairement à la législation française, nous avons réintroduit la contrainte par corps comme moyen civil de cœrcition pour le paiement des dettes civiles et commerciales.

Il convient cependant, sans verser dans l'impunité totale, de veiller à assurer l'indépendance de la fonction parlementaire en restant respectueux de l'esprit de la Constitution dans la protection du parlementaire contre toute privation de liberté sans autorisation préalable de l'Assemblée Nationale.

L'inviolabilité prend effet, en cas d'élections générales, le premier jour de la réunion de la chambre, généralement le jour de la séance inaugurale de la mandature.

Il n'y a pas à distinguer entre les sessions ordinaires et les sessions extraordinaires ou si les sessions sont suspendues ou interrompues, l'immunité persiste. Aussi les poursuites entreprises en dehors de la session (comme le permet l'article 4) ne peuvent permettre l'arrestation du parlementaire inculpé après l'ouverture de la session. Ainsi il faudra comprendre, que hors session, l'inviolabilité parlementaire n'a plus qu'une portée réduite

La constitution a prévu 3 exceptions au principe de l'inviolabilité.

Ce sont :

1) Les cas de flagrant délit ou de flagrant crime.

Le code de procédure pénale dans son article 65 qualifie de crime ou délit flagrant le crime ou délit qui se commet actuellement ou qui vient de se commettre, ou lorsque dans un temps très voisin à l'action, la personne soupçonnée est poursuivie par la clameur publique, ou lorsque la personne soupçonnée est trouvée en possession d'objets, ou présente des traces ou indices laissant penser qu'elle a participé au crime et délit.

2) La deuxième exception concerne le cas des poursuites autorisées par l'Assemblée Nationale.

La demande d'autorisation des poursuites émane généralement de ministère public. Dans ce cas le Procureur Général adressera une demande au Président de l'Assemblée Nationale par l'intermédiaire du Ministre de la Justice Garde des Sceaux.

3) En cas de condamnation définitive.

Lorsqu'une condamnation à la peine d'emprisonnement est devenue définitive c'est-à-dire insusceptible de tout recours, elle pourra s'exécuter contre toute personne sans qu'on puisse y opposer une quelconque immunité.

Il appartient à l'Assemblée Nationale de définir, dans son Règlement Intérieur les modalités d'octroi de l'autorisation de poursuites, communément appelée « levée de l'immunité parlementaire ».

Le Bureau de l'Assemblée ne doit nullement être ou se comporter comme un syndicat.

L'Assemblée n'a pas à juger le parlementaire mis en cause, ni à apprécier le bien-fondé des poursuites.

Elle doit seulement rechercher si la demande est sérieuse et si elle n'a pas été inspirée par la volonté d'enlever à un élu son siège.

D'après la doctrine traditionnelle souvent rappelée devant les Assemblées parlementaires, pour que la levée de l'immunité soit accordée, il suffit que la demande soit sérieuse, loyale et sincère.

Voilà exposé sommairement ce sujet qui intéresse à plus d'un titre le citoyen que nous sommes. Ces hommes, à qui nous avons accordé notre suffrage, ont besoin d'être protégés. Il faut cependant être vigilant, et évité que la fonction de député ne serve à protéger des hommes peu honorables.

C. L'immunité diplomatique, droits et privilèges accordés aux missions diplomatiques

1. Présentation générale

Le principe qui accorde aux agents diplomatiques certaines immunités est admis par tous les Etats. Ce principe résulte d'une très ancienne coutume déjà connue, même dans nos sociétés anciennes. Ainsi quel que soit le degré d'adversité entre deux Royaumes ennemis, les émissaires chargés de missions par un souverain auprès d'un autre souverain étaient bien reçus, écoutés puis autorisés à retourner dans leur royaume sains et saufs. L'histoire nous apprend que lorsque Dah Diarra roi de Ségou envoya un émissaire auprès du roi Samagnana Bassi Diakité pour demander la main de sa fille en mariage, ce dernier s'est senti offensé par cette demande. Il chargea néanmoins l'émissaire de cadeaux et présents en lui demandant de retourner dire au roi de Ségou que seul un noble pouvait prétendre à la main de sa fille.

Avec l'avènement des Etats modernes cette coutume universelle a été expressément affirmée par **la Convention de Vienne** sur les relations diplomatiques du 18 Avril 1961 et par la Convention de Vienne sur les relations consulaires du 24 Avril 1963.

Le principe est souvent formulé par les lois internes des Etats parties et parfois précisé par la jurisprudence.

Au Mali le Décret N° 77-236 PGRM du 2 Décembre 1977, modifiant le Décret N° 3 du 11 Janvier 1968 consacre le principe de l'immunité diplomatique. Il traite des droits et privilèges accordés aux missions diplomatiques, aux postes consulaires et aux organismes internationaux.

Aux termes du Décret, trois catégories de personnes se trouvent concernées par cette protection. Il s'agit :

1 premièrement des droits et privilèges accordés aux Missions Diplomatiques

(Ambassades) ;

2 deuxièmement des droits et privilèges accordés aux Postes Consulaires (consulat général, consulat, vice consulat ou agence consulaire) ;

3 troisièmement les privilèges et droits accordés aux organisations internationales (Organisation des Nations Unies et Institutions spécialisées, organisations sous régionales,…)

L'article 1 du Décret précise : « Sous réserve de réciprocité, la République du Mali garantit aux agents diplomatiques en poste sur le territoire les immunités et privilèges définis par le Titre I du présent Décret ».

La lecture du texte nous permet de comprendre qu'il s'agit :

1) de l'immunité de juridictions,

2) de l'immunité fiscale,

3) de l'immunité en matière de douane,

4) de l'inviolabilité du courrier diplomatique,

5) de l'exemption à la législation sur la sécurité Sociale,

6) des facilités accordées pour l'emploi de tous les moyens appropriés de communication, y compris les postes émetteurs.

S'agissant de l'immunité de juridiction, l'article 3 dispose que : la personne de l'agent diplomatique est inviolable ; que l'immunité de juridiction est reconnue aussi bien aux chefs de missions diplomatiques qu'aux membres du personnel diplomatique de la mission et qu'elle s'étend aux membres de leurs familles.

Cette immunité aux termes de l'article 4 met les personnes concernées à l'abri des juridictions pénales, civiles et administratives.

Cette immunité est absolue et les couvre pendant la durée de leur mission au Mali et ne cesse que le jour où ils ont regagné la frontière.

Pour les agents diplomatiques cette immunité s'étend même aux actes de leur vie privée. L'agent diplomatique au sens de la Convention s'entend comme étant le chef de la mission diplomatique ou un membre du personnel diplomatique de la mission c'est-à-dire tous ceux qui ont la qualité de diplomates.

Il est admis que s'agissant du personnel exerçant des fonctions administratives et techniques, l'immunité ne s'applique qu'aux actes de leurs fonctions.

Les locaux servant de siège aux missions diplomatiques et les lieux de résidence officielle des agents diplomatiques et consulaires sont également inviolables (article 6).

L'inviolabilité s'étend également aux archives et documents des missions diplomatiques (article 7)

Après cette présentation résultant de la lecture du Décret n° 77/236 du 2 Décembre 1977 nous allons parler de l'application pratique de l'immunité diplomatique notamment dans le domaine spécifique de l'immunité de juridiction.

2. L'immunité de juridiction

La protection résultant de l'immunité diplomatique accordée aux chefs de missions, aux membres du personnel diplomatique, aux chefs de postes consulaires et fonctionnaires consulaires, fut pendant longtemps justifiée par le principe d'extraterritorialité : l'Hôtel diplomatique était réputé territoire étranger et les agents diplomatiques qui s'y trouvaient, étaient sur une portion de terre de l'Etat accréditant. Cette justification s'est révélée mauvaise car aboutissait parfois à des solutions choquantes, c'est ce qui explique qu'elle est aujourd'hui abandonnée.

Les Etats admettront que désormais c'est l'indépendance dont doivent jouir les agents diplomatiques au-delà des autorités locales pour pouvoir exercer correctement leurs missions qui justifie l'immunité diplomatique ; le même fondement qui justifie aujourd'hui l'immunité parlementaire.

L'Immunité de juridiction couvre la personne des agents diplomatiques auxquels sont assimilés les agents consulaires, le personnel officiel et les membres de leurs familles. Il s'agit généralement de l'ambassadeur, des conseillers d'ambassade, des secrétaires d'ambassade, des chargés d'affaires.

A côté de ceux-ci se trouve le personnel administratif et technique (secrétaire dactylo, comptable, etc).

Seuls les premiers jouissent de l'immunité absolue c'est-à-dire couvrant même les actes de leur vie privée ; au contraire les seconds ne sont couverts par l'immunité que pour les seuls actes relevant de leurs fonctions comme la précise l'article 5-3, à condition que les membres du personnel de service de la mission ne soient pas des ressortissants maliens ou des résidents permanents au Mali.

L'inviolabilité s'étend aux biens mobiliers (effets, bagages, valise diplomatique) ainsi qu'aux biens immobiliers. Les locaux de l'ambassade et la résidence des diplomates jouissent d'une complète exemption de la loi locale .Aucun agent de l'autorité territoriale

ne peut y pénétrer pour accomplir un acte de ses fonctions.

Cette inviolabilité des locaux trouve une limite de bon sens. Elle ne couvre pas les criminels de droit commun qui peuvent tenter de chercher refuge dans l'Hôtel de l'Ambassade, le droit d'asile d'antan ayant aujourd'hui disparu. Seules les personnes menacées pour raisons politiques peuvent trouver à Hôtel de l'Ambassade un temporaire refuge comme cela fut le cas d'un responsable du RDR qui a cherché et trouvé refuge dans une ambassade en Côte d'Ivoire, lors des évènements politiques dans ce pays.

L'immunité de juridiction prévue à l'article 3 est très intéressante. Elle s'analyse comme une exemption de la juridiction locale qui du fait de l'immunité ne peut pas connaître des affaires concernant les personnes protégées, que ces affaires soient civiles, commerciales, administratives, ou pénales.

Cette immunité trouve son prolongement en matière d'exécution forcée.

On admet que l'immunité de juridiction s'accompagne nécessairement d'un privilège de même nature en ce qui concerne la saisie des biens des agents diplomatiques ou les biens appartenant à l'Etat représenté par l'agent diplomatique.

Ainsi un créancier ne peut jamais engager une procédure de saisie contre un agent diplomatique ou consulaire étranger.

Les Etats étrangers bénéficient de la même immunité d'exécution pour les biens qu'ils possèdent au Mali.

Ce privilège tend à être abusivement utilisé par certains Etats dont les entreprises (B.T.P) domiciliées à l'Hôtel de l'ambassade travaillent au Mali en concurrence avec les entreprises de droit malien de même type.

Nous ne devons jamais oublier que le fondement de l'immunité reste l'indépendance dont les agents diplomatiques ou consulaires doivent jouir vis- à vis des autorités locales pour pouvoir exercer correctement leurs missions.

Les bénéficiaires de l'immunité de juridiction peuvent y renoncer soit en acceptant de se présenter devant certaines juridictions (généralement les juridictions civiles) soit en prenant eux même l'initiative des poursuites judiciaires.

Le gouvernement étranger est toujours en droit de renoncer à l'immunité pénale conférée à l'un de ses agents.

Dans le cas où n'intervient pas cette renonciation, l'immunité pénale ne doit pas entraîner l'impunité des bénéficiaires pour les faits qualifiés crime ou délit contre les particuliers ou contre la sûreté de l'Etat auprès duquel ils sont accrédités.

Ces agents ne doivent pas, par l'effet de l'immunité échappé aux conséquences civiles de leurs faits dommageables. Il est de la responsabilité de l'Etat qui les a accrédités et envoyés au Mali de les punir ou de les condamner pénalement et/ou civilement par leur juridiction propre.

Le gouvernement du Mali se sentant offensé par le traitement du dossier peut prendre contre l'agent fautif des mesures de sûreté nécessaires ou peut expulser l'agent.

Les tribunaux du pays dont l'agent est originaire étant seuls compétents, il appartient aux particuliers, victimes, d'intenter toutes actions judiciaires auprès de la juridiction étrangère contre l'agent diplomatique.

Au Mali la pratique fait qu'il est reconnu aux agents des organismes internationaux et supranationaux la même immunité de juridiction qui est accordée aux agents diplomatiques, ceci dans la mesure où celle-ci est nécessaire au bon fonctionnement de ces organismes.

Les articles 64 et 65 donnent une liste des organismes concernés. Il s'agit de :

L'Organisation Internationale du Travail (OIT), la FAO, l'UNESCO, l'Organisation de l'Aviation Civile Internationale (OACI), le FMI, la Banque Internationale pour la Reconstruction et le Développement (BIRD), l'Union Postale Universelle (UPU), l'OMS, l'Union Internationale des Télécommunications (UIT), l'Organisation Météorologique Mondiale(OMM), toutes les autres Institutions reliées au système des Nations Unies.

La coutume internationale fait que la protection s'étend au-delà de cette liste.

Cette sommaire étude de l'immunité diplomatique doit nous conduire à plus de prudence dans nos relations d'affaires avec cette catégorie privilégiée dont certains agents ne sont pas un modèle achevé du diplomate, des agents souvent peu soucieux de l'image de leur pays mais également peu respectueux des lois, des us et coutumes et des citoyens du pays hôte./ .

Biographie de l'Auteur

Né à Kirango-Markala, région de Ségou, Amadou BA après ses études à l'école fondamentale de Niono, puis à Nara est orienté au lycée Boullagui Fadiga de Bamako. Après le baccalauréat 1ère et 2ème partie, il est admis sur concours à l'Ecole Nationale d'Administration – ENA – où il obtient en 1983 une maitrise en Droit avec mention Assez bien. Reçu au concours d'entrée à l'Ecole Nationale des Magistrats la même année, il commence une riche carrière de magistrat. Il occupera successivement les fonctions de substitut du procureur du Tribunal de 1ère instance de Bamako, puis vice-président du Tribunal de 1ère Instance de Ségou, juge de paix à Compétence Etendue de Baraoueli, de Bourem, juge d'Instruction au TGI en commune V puis en commune III du District de Bamako. Il est nommé en 2000 Président du Tribunal de Grande Instance de la commune IV puis Président du Tribunal de Grande Instance de la commune VI. Il est ensuite affecté à la Cour d'Appel de Kayes avant de revenir en 2008 à la Cour d'Appel de Bamako, où il occupera les fonctions de Président de la Chambre d'Accusation, puis Président de la Chambre Correctionnelle. Il est élu à trois reprises membre du conseil supérieur de la magistrature. En 2017 il est nommé Conseiller à la section Judiciaire de la Cour Suprême du Mali, où il fait valoir ses droits à la retraite.

Membre fondateur du Syndicat Autonome de la Magistrature – SAM – (1991) ; il est désigné en 1997 et en 2017 membre de la Commission Electorale Nationale Indépendante CENI. Il est élu Président de la CENI de 2017 à 2021.

Amadou BA a effectué plusieurs stages de formation à l'Ecole Nationale de la Magistrature à Paris, à la 9ème Chambre Economique de la Cours d'Appel de Paris, au Tribunal de Grande Instance de Lyon. Expert électoral, il est accrédité « Facilitateur d'atelier BRIGDE (Building Ressources In Democracy Governance and Elections).

Le Président BA collabore actuellement en qualité de formateur à l'exécution d'un programme INFJ – UNITAR au Mali.

TABLE DES MATIERES

Structures éditoriales du groupe L'Harmattan

L'Harmattan Italie
Via degli Artisti, 15
10124 Torino
harmattan.italia@gmail.com

L'Harmattan Hongrie
Kossuth l. u. 14-16.
1053 Budapest
harmattan@harmattan.hu

L'Harmattan Sénégal
10 VDN en face Mermoz
BP 45034 Dakar-Fann
senharmattan@gmail.com

L'Harmattan Cameroun
TSINGA/FECAFOOT
BP 11486 Yaoundé
inkoukam@gmail.com

L'Harmattan Burkina Faso
Achille Somé – tengnule@hotmail.fr

L'Harmattan Guinée
Almamya, rue KA 028 OKB Agency
BP 3470 Conakry
harmattanguinee@yahoo.fr

L'Harmattan RDC
185, avenue Nyangwe
Commune de Lingwala – Kinshasa
matangilamusadila@yahoo.fr

L'Harmattan Congo
219, avenue Nelson Mandela
BP 2874 Brazzaville
harmattan.congo@yahoo.fr

L'Harmattan Mali
ACI 2000 - Immeuble Mgr Jean Marie Cisse
Bureau 10
BP 145 Bamako-Mali
mali@harmattan.fr

L'Harmattan Togo
Djidjole – Lomé
Maison Amela
face EPP BATOME
ddamela@aol.com

L'Harmattan Côte d'Ivoire
Résidence Karl – Cité des Arts
Abidjan-Cocody
03 BP 1588 Abidjan
espace_harmattan.ci@hotmail.fr

Nos librairies en France

Librairie internationale
16, rue des Écoles
75005 Paris
librairie.internationale@harmattan.fr
01 40 46 79 11
www.librairieharmattan.com

Librairie des savoirs
21, rue des Écoles
75005 Paris
librairie.sh@harmattan.fr
01 46 34 13 71
www.librairieharmattansh.com

Librairie Le Lucernaire
53, rue Notre-Dame-des-Champs
75006 Paris
librairie@lucernaire.fr
01 42 22 67 13

www.ingramcontent.com/pod-product-compliance
Lightning Source LLC
LaVergne TN
LVHW011039061026
849535LV00006B/2087